Abhisamayālaṅkāra–
Prajñāpāramitā– Upadeśa– Śāstra

Bibliotheca Indo-Buddhica Series No. 99

Abhisamayālaṅkāra–Prajñāpāramitā– Upadeśa–Śāstra

The Work of Bodhisattva Maitreya

Edited by
Th. Stcherbatsky
and
E. Obermiller

Part I

Introduction, Sanskrit Text and Tibetan Translation

Sri Satguru Publications
A Division of
Indian Books Centre
Delhi-India

Published by :

SRI SATGURU PUBLICATIONS
Indological and Oriental Publishers
A Division of
Indian Books Centre
40/5, Shakti Nagar,
Delhi-110007
(INDIA)

First Edition : St. Petersburg 1929
Reprint Edition : Delhi 1992, 2006

ISBN 81-7030-304-4

Printed at Chawla Offset Printers, Delhi 110 052

Contents

INTRODUCTION

§ 1. The place of Abhisamayālankāra in Buddhist Literature.

The Buddhist literature as translated, preserved and studied in Tibet and Mongolia is variously classified by the Tibetans. The first most general division is into Scripture (pravacana = sūtra) and Exegesis (šāstra). Next comes a general cross division into sūtra and tantra (mdo and rgyud). The term sūtra is usually applied to the Discourses of Buddha and is, in this acceptation, a synonym of Scripture. But here it means all literature other than tantra, whether exegesis or scriptural. Tantra is a special mystic worship only loosely connected with Buddhism proper. Thus sūtra in this case would mean Buddhism proper, exclusive of the annected mystic worship.

A third cross division is into Hīnayāna, Mahāyāna and Tantra or Vajra-yāna. The first class contains the literature of the 18 schools of early Buddhism. The second all the subsequent literature of Buddhism with the exception of Tantra, which forms the third class. The first two yānas of this division are again divided in three: Śrāvaka-yāna, Pratyeka-buddha-yāna and Bodhisattva-yāna. This division refers to the three methods of proceeding along the Path of Salvation towards Final Deliverance in Nirvāna. It is the practical side of the doctrine. Its theoretical part or its philosophy is divided into three «Swingings of the Wheel of the Law» or, as we may simply call it, into three periods. In the first period the philosophy was pluralistic, in the second it was monistic, and in the third it became idealistic and partly critical.

The early division of the Buddhist literature into three «baskets», Discipline, Law and Philosophy, was retained in Tibet but merely in theory. The Tibetans themselves are often in doubt about the question, to what basket a work of the later litterature must be assigned[1].

As a matter for study in the monastic schools of Tibet and Mongolia the whole of Buddhist literature is again divided into a Lakṣaṇa-yāna[2] or the doctrine proper and Mantra-yāna or the mystic worship, and there is accordingly in every monastery two schools or faculties, the faculty of the Doctrine (Tsañid Ḍatsan)[3] comprising a theoretical and practical side, and the faculty of mystic worship (Gyud Ḍatsan)[4].

The teaching in the faculty of the Doctrine (Tsañid Datsan) comprises 5 different courses: 1) the philosophy of early Buddhism (abhidharma), 2) Logic (pramāṇa), 3) The Dialectical Method (mādhyamika), 4) Moral philosophy (pāramitā) and 5) Monastic Discipline (vinaya). In every class a fundamental text (mūla) is learned by heart and commentaries are orally supplied by the teacher.

The fundamental text for the abhidharma class in Vasubandhu's Abhidharmakoša, for the class of logic it is

---

1 The division in twelve *angas* which is discussed by E. Burnouf in his Introduction is also mentioned by Bu-ston, but it is referred not to different works, but to different varieties of style in which the works, or only parts of them even simply passages, are written.

2 mtshan-ñid-theg-pa, this term is used by Bu-ston.

3 mtshan-ñid-grva-tshañ.

4 rgyud-grva-tshañ. — In the large monasteries there are additionally a school of medicine, a school of astronomy and astrology (kāla-cakra), and in Labrang even a school of grammar and music. A survey of the teaching in the schools of Tibet and Mongolia by B. B. Baradiin will appear in the year book of our Institution.

the Pramāṇa-vārtika of Dharmakīrti, for the dialectical class it is the Mādhyamika-avatāra of Candrakīrti, for the class of moral philosophy it is the Abhisamaya-alankāra of Bodhisattva Maitreya, and for the class of Discipline it is the Vinayasūtra of Guṇaprabha. The full course lasts for about 12 years. The three first classes deal with the theoretical part of the Buddhist doctrine, the two last with its practical side.

Thus the Abhisamaya-alankāra is the fundamental work for the study of the Buddhist doctrine of the Path towards moral perfection and the attainment of the condition of a Buddhist Mahāyānistic Saint, and of a Mahāyānistic Buddha in his blessed Nirvāṇa. If the abhidharma, pramāṇa and mādhyamika teachings represent three phases of Buddhist philosophy, the abhisamaya represents Buddhism as a religion. The term abhisamaya means direct intuition of the Absolute. Here it means the Path of attaining that intuition[1], it is a synonym of mārga.

§ 2. The author and his works.

The Abhisamaya-alankāra — the full title is Abhisamaya-alankāra-nāma-prajñāpāramitā-upadeśa-śāstra — is one of the five works upon which the Yogācāra school of later Buddhism is founded, and whose authorship is, according to the Tibetan tradition, ascribed to Bodhisattva Maitreya, the future Buddha[2]. Maitreya, descending from the Tuṣita heaven, communicated them to saint Asanga who then composed the commentaries.

This pious legend is explained by professor Sylvain Lévi[3]

---

1 Cp. Points of Controversy, p. 382 ff.

2 Cf. my article «Notes de littérature bouddhique, La littérature Yogācāra d'après Bouston» in the Muséon, 1904. Bu-ston reckons 20 yogācāra fundamental works, — 5 by Maitreya, 7 by Asanga, and 8 by Vasubandhu.

3 In his introduction to the Translation of Asanga's Sūtrālankāra, Paris, 1911.

as proving that the works of saint Asanga, initiating a new departure in the history of Buddhist philosophy, had attained great popularity and were gradually considered as revealed. Indeed the facts collected by him[1] point to the gradual growth of the legend, and the fact that the Indian, Chinese and Tibetan traditions do not agree[2] in the enumeration of those five among the works of Asanga to whom a supernatural origin is ascribed, would support this opinion.

However professor H. Ui[3], in a recent article, expresses his view to the effect that Maitreya «without any doubt was an historical person», who lived in IV century A. D. in Ayodhya, «where he composed some of his works and instructed Asanga who came, having perhaps been told by Piṇḍola, from Gandhāra in his search for Mahāyāna Buddhism». This Maitreya, according to the same article[4], «ought to be regarded as the founder of the Yogācāra school, as much as Nāgārjuna is the founder of the Mādhyamika school[5].

Be this as the case may be, it is nevertheless in the highest degree astonishing that the Abhisamayālankāra, which in Tibet and Mongolia is the fundamental work for studying Buddhism as a religion, which every educated monk in these countries knows by heart, which represents there a Catechism of Mahāyāna, which is the starting point of an enormous amount of literary production, both in India and in Tibet, — has never

---

[1] Ibidem, p. 7—8.

[2] Originally the great work of Asanga Saptadaśabhūmi-śāstra alone was reputed as revealed, but later on five other works were assumed as revealed, but not the Saptadaśabhūmi.

[3] Zeitschr. für I. u. I., 1928, p. 215 ff. [4] Ibid., p. 224.

[5] M. E. Obermiller informs me that there is in the Tanjur Mdo, v. XVII, fol. 170—171, a short tract ascribed to Nāgārjuna, the Bhava-sankrānti (Srid-pa-ḥpho-ba), and a commentary (ṭīkā) upon it by Maitreya-nātha (Byams-pa mgon-po). This fact can be interpreted either as a support for Prof. Ui's view, or it would be an indication that such an attribution was at a certain epoch customary in some circles.

been translated into Chinese and is there utterly unknown[1]. Neither Paramārtha nor Hiuen-tsang nor I-tsing seem to have noticed it and have imported no copy of it into China. However Vasubandhu had already, in all probability, made it the text book for the study of Prajñā-pāramitā. Although he himself has composed no commentary on it, but his pupil and continuator in this departement of Buddhist science, the saint Vimuktasena, has written a detailed commentary[2] which was then followed by a series of other works.

Another peculiarity of the Abhisamayālankāra is that it expounds the theory of Salvation without alluding to the typical tenets of the Yogācāra school. The Tibetan historian and systematist Bu-ston Rin-chen-ḍub in his history of Buddhism in Tibet[3] says, that this work of Maitreya is written according to the principles of the Mādhyamika school (ḥkhor-lo bar-ba), while the remaining 4 works belong to the Yogācāra school. According to Tsoṅ-khapa[4] the Abhisamayālankāra follows the principles of the Mādhyamika-Svātantrika school, the Uttaratantra of the same author — those of the Mādhyamika-Prāsangika, and the remaining three works only belong to the Yogācāras. In fact the theory of Salvation is expounded by later writers either in accordance with the Mādhyamika-Svātantrika or the Yogācāra principles, but not in accordance with the Mādhyamika-Prāsangika school.

§ 3. Contents and character of the work.

Abhisamayālankāra is a Prajñāpāramitā-upadeśa and it is a śāstra, that is to say, it is a systematical exposition of the Prajñāpāramitā doctrine, of its practical side. Abhisamaya, as already

---

1 Ibidem, p. 222. 2 ñi-khri-snaṅ-ba, cp. Tanjur Mdo, vol. I.

3 f. 22 of the Lha-sa block print edition of the Bod-chos-ḥbyuṅ.

4 In his Gser-phreṅ.

mentioned, is here a synonym of mārga. Alankāra is the name for a literary form popular with the Buddhists. It means that the work in question contains no full and detailed exposition of the doctrine, it is not a mahā-šāstra, like the Abhidharmakoša, but it is only a short summary[1] of the salient points of the system contained in the prajñāpāramitā sūtras, in all its redactions, the one in 100.000 šlokas, the one in 25.000 šlokas and the one in 8.000 šlokas. Really wonderful is the skill, with which the author includes in the terse writing of his mnemonic verses almost every important feature, mentioned in the Sūtras. What the term prajñāpāramitā means, is very pregnantly expressed by Dignāga in the first verse of his Prajñā-pāramitā-piṇḍārtha[2], a work dealing with just the same fundamental idea as the Abhisamayālankāra, and which was probably composed by him as a help for memory during the time he was studying the subject as a pupil of Vasubandhu, attending to his course of Prajñāpāramitā. The verse runs as follows:

prajñāpāramitā jñānam advayam, sa Tathāgataḥ,
sādhya-tādarthya-yogena tācchābdyam grantha-mārgayoḥ[3].

That means: «Prajñāpāramitā is Monism, it is that knowledge (in which subject and object coalesce), it is also Buddha (himself, personified in his Cosmical Body). The word prajñāpāramitā means moreover the text (of the prajñāpāramitā sūtras) and the Path of Salvation (which they teach), because the aim (of the text and of the Path) is to produce this (monistic consciousness and the condition of a Buddha in his Nirvāṇa)».

---

[1] According to S. Lévi, op. cit., p. 16, the celebrated passage in Subandhu's Vāsavadattā, contains even a direct reference to the Sūtralankāra of Maitreya-Asanga. But it is more probable that it refers to the Buddhist practice of writing alankāras in general.

[2] Tanjur, Mdo, vol. XIV; a commentary by Triratnadāsa is also found there.

[3] The sanscrit original of this verse is quoted by Haribhadra in his Abhisamayālankāra-ālokā MS fol. 23b. 4—5 (E. Obermiller).

Thus, the term prajñā-pāramitā has the following meanings: 1) philosophic Monism, 2) Buddha's Cosmical Body, 3) the text of the p.-p. sūtras, and 4) the Path towards Salvation according to Mahāyānistic principles. It is in this last acceptation, that the Abhisamayālankāra contains a summary of the salient points.

It is divided in 8 chapters. The first three deal with three kinds of Omniscience, the Omniscience of the Mahāyānistic Buddha (sarva-ākāra-jñatā = Tib. rnam-mkhyen), the Omniscience of the Bodhisattva concerning the Path (mārga-jñatā = Tib. lam-šes) and that kind of Omniscience which is attainable by the Hīnayānistic Saint (sarva-jñatā = Tib. gzhi-šes). This term of Omniscience, as applied to the Buddha, carries a totally different connotation than in western religions. It simply means intelligible, non-sensuous, intuition, the direct presentation of the world *sub specie aeternitatis*. That Monism which in philosophy is established by discursive argument the Mahāyānistic saint and the Mahāyānistic Buddha have the power to intuit directly (sākṣāt). That Buddha is omniscient does not mean that he knows the names of all plants and the names of all animals etc. etc., but it means that he possesses a knowledge of the four truths, that is to say, he possesses in the highest degree philosophic intuition[1]. It is the highest knowledge as conceived by Spinoza, not the kind of omniscience imagined by unphilosophic minds.

The next four chapters contain the four so called p r a y o g a s or ways of realisation of that omniscience. Chapter 4 deals with the method of illumination, concerning the subjective and objective aspects of the three forms of Omniscience (sarvākārābhisambodha). The next three chapters contain the same stuff, but considered from three different standpoints. Chapter 5 gives the definition of the culminating point of illumination (mūrdhābhisamaya), chapter 6 — of gradual illumination (anupūrvābhisamaya)[2],

[1] Cp. Kathāvatthu, II. 2. 22—23. [2] Cp. ibid., II. 9.

chapter 7 — of momentary illumination (ekakṣaṇābhisambodha). Finally the 8-th and last chapter contains the doctrine of Buddha's Cosmical Body (dharmakāya), or of the disappearing of the individual in the monistic Absolute. Thus the whole šāstra has eight parts dealing with three kinds of omniscience, 4 methods of attaining it, and one final result. It is called the šāstra of eight subjects. It is moreover called the šāstra of 70 points, because the eight subjects in their subdivisions can be analysed into 70 topics. There are other more detailed subdivisions still. The text gives simply their enumeration and their system. It is nothing more than a systematical index, in metrical form, of all technical terms used in the doctrine of the mahāyānistic Path to Salvation. The meaning of these terms is not contained in the alankāra, it must be found in the commentaries without which the work remains absolutely incomprehensible. The subject-matter which is loosely expressed in the sūtras, is systematically arranged in the šāstra and explained in the commentaries.

§ 4. The commentaries.

The Tanjur Collection contains translations of 21 works, which are only different commentaries on the Abhisamayālankāra, some of them showing the connection of its systematical doctrine with the prajñāpāramitā-sūtra in 25.000 šlokas, other its connection with the one in 8.000 šlokas. The most celebrated among the authors of these commentaries are ārya Vimuktasena (VI-th century), the pupil of Vasubandhu, bhadanta Vimuktasena (VI—VII century), the pupil of the former and ācārya Haribhadra (IX century). The title of the latter's work is as follows: šrīmad-ācārya-Haribhadra-viracitā Ārya-aṣṭa-sāhasrika-prajñāpāramitā-vyākhyā Abhisamayālankāra-ālokā nāma. A MS of the original sanscrit text of this work is found in the Minayeff collection of sanscrit MSS of the Public Library of Leningrad[1]. Its edition is in course of preparation by my pupil E. Obermiller. Ārya Vimuktasena and Haribhadra are the greatest authorities in the domain of pāramitā, they are often quoted in a dvandva compound as ḥphags-señ = Ārya-Hari. A full list of all the 21 commentaries will be given by E. E. Obermiller in a paper which will appear in the forthcoming yearbook of our Institution for the Study of Buddhist Culture.

The first Tibetan author who has written an independent commentary on the Abhisamayālaṅkāra seems to have been the celebrated translator (lotsaba) Ñog Lodan-šeirab[2] (1059—1109). He was followed by a great number of Tibetan authors of the old period. The following are the most celebrated among them: Chaba-Chögi-señge[3] (1109—1169), Tsañ-nagpa-tsondü-senge[4] (the pupil of the former), Dolbopa-šeirab-gyal-tshan[5] (1292—1391), Budon-rinchen-ḍub[6] (1290—1364), Nyabon-kunga-pal[7] (the pupil of the two preceding ones and the teacher of Tsoñ-khapa), Rondon-šakya-gyal-tshan[8] (1367 — 1449), Rendapa-zhonnu-lodö[9] (1349—1412), etc., etc.

To the new period belong the works of Tsoñ-khapa (1357—1419) and his pupils, the works of Jam-yañ-zhadpa[10] (1648—1742) and an enormous litterature of manuals for the study of this subject in monastic schools. The work of Tsoñ-khapa which bears the title of Gser-phreñ is especially celebrated by its thorough, detailed, and clear exposition[11].

---

1 № 107 of the Mironov Catalogue.

2 Rñog blo-ldan-šes-rab.

3 Phya-pa chos-kyi señ-ge.

4 Gtsañ-nag-pa-brtson-ḥgrus-señ-ge.

5 Dol-po-pa šes-rab-rgyal-mtshan.

6 Bu-ston rin-chen-grub.

7 Ña-dpon-kun-dgaḥ-dpal.

8 Roñ-ston šā-kyaḥi-rgyal-mtshan.

9 Red-mdaḥ-pa gžhon-nu-blo-gros.

10 Ḥjam-dbyañs-bzhad-pa-ñag-dbañ-brtson-ḥgrus.

11 The full title of the work is — šes-rab-kyi-pha-rol-tu-phyin-paḥi man-ñag-gi-bstan-bcos-mñon-par-rtogs-paḥi-rgyan ḥgrel-pa-dañ-bcas-paḥi rgya-cher-bšad-pa legs-bšad-gser-gyi-phreñ-ba, copies in the As. Mus.

Among brahmanical writers Vācaspatimiṣra seems to be the only one who had a direct knowledge of the prajñā-pāramitā doctrine; he examines it in his Nyāya-kaṇika[1], when considering the prāmāṇya-vāda and the sarvajña-vāda.

§ 5. The plan for investigating the Prajñāpāramitā literature.

Professor Sylvain Lévi has rightly pointed to the great historical issues connected with the prajñā-pāramitā doctrine of the Mahāyāna[2]. He suggests foreign influence in the formation of this aspect of Buddhism[3]. We have already expressed our opinion to the effect that the Central Conception of this form of Buddhism is genuinely Indian, for it is nothing but the Monism of the ancient Upanishads and modern Advaita-Vedānta (jñānam advayam)[4]. The doctrine is moreover much older than Nāgārjuna, who only has given it an extreme and very drastic expression. But professor S. Lévi is unquestionably right in maintaining that three centuries of a lively intercourse between two nations so highly intellectual as the ancient Greeks and the Indians were, could not but have resulted in some influences, which probably were reciprocal. Clear historical deductions will be possible when this domain of the Indian litterature will have been sufficiently investigated. In two earlier works[5] we have attempted to attain intelligible and precise renderings of Buddhist philosophical conceptions of the first and second period of Buddhist philosophy. In a forthcoming work the same will be done regarding its third and concluding period[6]. The investiga-

---

[1] Cf. pp. 11 ff., 145, 148 and 150 (of the reprint from the Pandit).

[2] Op. cit., p. 16 ff. [3] «La perfection de la Sapience (prajñā-pāramitā) soeur jumelle de la Sophia et de la Gnose de l'Asie grecque», ibid. [4] Cf. my Conception of Buddhist Nirvāṇa, Leningrad, 1927. [5] «Central Conception of Buddhism», London, R. A. S. 1922, and the above mentioned «Conception of Buddhist Nirvāṇa».

[6] «Buddhist Logic», 2 vol. containing a full translation of the Nyāya-bindu-ṭikā, shortly to appear in the Bibliotheca Buddhica.

tion of the prajñā-pāramitā litterature we propose to carry in the same spirit. Our chief help we derive from šāstra, not from sūtra. This implies a very high appreciation of the works of the great Indian and Tibetan ācāryas. The comprehension of an Indian philosophical text is a task wrought with many difficulties. Still more difficult is the comprehension of a work deeply steeped in mysticism. We have found it indispensible to give in all important passages a double translation a strictly literal one, which utterly disregards the exigencies of the tongue *into which* the text is translated, and a quite free one, which utterly disregards the exigencies of the tongue *from which* it is translated. Only then can the requirement of a strict philological method be brought not to interfere with that clearness and intelligibility, which always will remain the ultimate aim of science.

This fasciculus is the first instalment of a series of works devoted to the investigation of the Prajñā-pāramitā literature, which our Institution for the Study of Buddhist Culture proposes to undertake and carry out systematically. The next fasciculus will contain 1) an analysis of the 8 subjects and 70 points in which the doctrine of Prajñā-pāramitā is systematized, 2) a table of the 173 aspects of the three kinds of Omniscience, 3) a table showing the concordance between the Abhisamayālankāra and the Aṣṭā-sāhasrikā and Pañcaviṃšati-sāhasrikāprajñāpāramitā sūtras, 4) an Index verborum of the šāstra, Sanscrit-tibetan and Tibetan-sanscrit. All this work will be carried out by the Sektion Secretary of our Institution Dr. E. Obermiller. He has also undertaken, as already mentioned, an edition of the sanscrit text of Haribhadra's commentary. A translation of the šāstra will then follow which will make use of all the materials available.

The sanscrit text of the Abhisamayālankāra has been prepared by me from two Mss of the Cambridge University Library №№ Add. 1628 and 1629, where it is placed at the beginning before the text of the Pañcaviṃśatisāhasrikā Prajñāpāramitā. The circumstance that it is a separate work has apparently escaped the attention of the compiler of the catalogue, Professor Cecil Bendall. They are respectively referred to as MSS. A and B.

The whole text of the Abhisamayālankāra is moreover contained in Haribhadra's āloka. It is referred to as MS. C. For the reference to this MS I am indebted to E. Obermiller who writes about it (№ 107 of the Minayev collection, Mironov's Catalogue) — «it is a modern copy in devanāgarī characters from a Napalese lañcā original. It contains an unusually great number of mistakes owing to the insufficient knowledge by the scribe of the lañcā alphabet; so *kṣa* always stands for *hya*, *kya*, *jya*, etc., *śa* is frequently mistaken for *ṇa*, *va* for *ca*, *bha* for *ta* and vice versa. Of these errors only the most striking have been quoted in the notes. In two passages, II, 6 and VIII, 4 this MS. fills up lacunes where the Tibetan version alone would not have sufficed to recover the original text».

The Tibetan translation is the work of the great translator (lotsaba) Ñog Lodan-Šeirab (1059—1109)[1], with the collaboration of the Indian pandit Amaragomin[2]. This Lodan Šeirab, as already mentioned, has also written an independent commentary on the Abhisamayālankāra. The first translator was Ka-pa Paldzeg[3] (IX century). The text here printed agrees with the block-print of the Aga monastery.

In correcting the proofs E. Obermiller has consulted Haribhadra and the Commentaries of Tsoñ-khapa and Jam-yañzhad-pa.

Th. Stcherbatsky.

---

[1] Rñog blo-ldan-šes-rab. [2] Go-mi-ḥchi-med. [3] Ka-pa-dpal-brtsegs.

अभिसमयालंकारनामप्रज्ञापारमितोपदेशशास्त्रम् ॥

कृतिर्मैत्रेयनाथस्य ॥

ओं नमो मैत्रेयनाथाय ॥

या[1] सर्वज्ञतया नयत्युपशमं शान्तैषिणः[2] श्रावकान् ।
या मार्गज्ञतया[3] जगद्धितकृतां लोकार्थसंपादिका ।
सर्वाकारमिदं[4] वदन्ति मुनयो विश्वं यया संगतम्[5] ।
तस्यै[6] श्रावकबोधिसत्त्वगणिनो बुद्धस्य मात्रे नमः ॥

सर्वाकारज्ञतामार्गः शासित्रा[7] यो ऽत्र देशितः ।
धीमन्तो वीक्षिषीरंस्तमनालीढं[8][9] परैरिति ॥ १ ॥

स्मृतौ चाधाय[10] सूत्रार्थं धर्मचर्यां दशात्मिकाम् ।
सुखेन[11] प्रतिपत्सीरन्नित्यारम्भप्रयोजनम्[12] ॥ २ ॥

---

1 Bendall's Cat. य: Both MSS. या. 2 A. संतैषिणः. 3 °ज्ञतया. 4 B. सर्वाकाल°. 5 B. सङ्गता. 6 C. तस्मै. 7 A. B. शासिता, C. शासिगता (sic!). 8 A. °षीरम्तम°, C. °क्षारंस्तम°. 9 C. °मनालीपैरिति. 10 C. चोधाय. 11 A. सुखेखेन प्र°. 12 A. °पत्मीर°, B. °पत्सीरन°, C. °पत्तीरवित्या° (sic!).

प्रज्ञापारमिताष्टाभिः पदार्थैः[1] समुदीरिता[2] ।
सर्वाकारज्ञता मार्गज्ञता सर्वज्ञता ततः ॥ ३ ॥

सर्वाकाराभिसंबोधो मूर्धप्राप्तो[3] ऽनुपूर्विकः ।
एकक्षणाभिसंबोधो धर्मकायश्च ते ऽष्टधा[4] ॥ ४ ॥

चित्तोत्पादो ऽववादश्च[5] निर्वेधाङ्गं[6] चतुर्विधम् ।
आधारः प्रतिपत्तेश्च धर्मधातुस्वभावकः ॥ ५ ॥

आलम्बनं[7] समुद्देशः सन्नाहप्रस्थितिक्रिये[8] ।
संभाराश्च[9] सनिर्याणाः सर्वाकारज्ञता[10] मुनेः ॥ ६ ॥

श्यामीकरणतादीनि[11] शिष्यखड्गपथौ[12] च यौ ।
महानुशंसो[13] दृग्मार्ग ऐहिकामुत्रिकैर्गुणैः ॥ ७ ॥

कारित्रमधिमुक्तिश्च स्तुतस्तोभितशस्तिताः[14][15] ।
परिणामे ऽनुमोदे च मनस्कारावनुत्तमौ ॥ ८ ॥

निर्हारः[16] शुद्धिरत्यन्तमित्ययं[17] भावनापथः ।
विज्ञानां बोधिसत्त्वानामिति मार्गज्ञतोदिता ॥ ९ ॥

---

1 A. पदार्थैः, C. पदार्थाः. 2 A. °दीरित; B. °र्थैः समुदीरित्यता (sic!).
3 A. मूर्द्धप्राप्ता ऽनुपूर्विकः, B. मूर्द्धप्राप्तो ऽनुपूर्वि, C. ऽनुपूर्विकाः. 4 A. °ष्टधा.
5 A. ववादंश्च, C. चवादश्च. 6 A. °धाङ्गश्च°; B. धाङ्गश्च, C. धाङ्गश्चतुविधा.
7 B. °म्वनसमु°, C. °म्बनं मम्वदेशः. 8 A. प्रस्थितक्रिया. 9 C. संभारोश्च.
10 A. °कारगता (sic!) मुनेः. 11 A. B. ध्यामीक°, C. व्यामेकरणारादी° (sic!).
12 C. शिषिखड्गमथो. 13 B. °नुशसो दृङ्मार्ग, C. °नर्शसो दृश्मार्ग.
14 B. स्तुस्तोभित°. 15 A. शत्मिताः, B. शन्मिताः, C °णासितः (sic!).
16 A. निर्हारशु°. 17 B. शुद्धिरत्यत्तमि°, C. शुद्धिरभ्यत्तमि°.

प्रज्ञया[1] न भवे स्थानं कृपया न शमे[2] स्थितिः ।
अनुपायेन दूरत्व[3]मुपायेनाविदूरता[4] ॥ १० ॥

विपक्षप्रतिपक्षौ च प्रयोगः[5] समतास्य च ।
दृङ्मार्गः श्रावकादीनामिति सर्वज्ञतेष्यते ॥ ११ ॥

आकाराः सप्रयोगाश्च गुणदोषाः सलक्षणाः ।
मोक्षनिर्वेधभागीये शैक्षो[6] ऽवैवर्तिको[7] गणः ॥ १२ ॥

समता भवशान्त्योश्च क्षेत्रे[8] शुद्धिरनुत्तरा ।
सर्वाकाराभिसंबोध एष सोपायकौशलः ॥ १३ ॥

लिङ्गं तस्य विवृद्धिश्च निर्वेधि[9]श्चित्तसंस्थितिः ।
चतुर्धा[10] च विकल्पस्य प्रतिपक्ष[11]श्चतुर्विधः ॥ १४ ॥

प्रत्येकं दर्शनाख्ये च भावनाख्ये[12] च वर्त्मनि ।
आनन्तर्यसमाधिश्च सह विप्रतिपत्तिभिः ॥ १५ ॥

मूर्धाभिसमय[13]स्त्रेधा[14] दशधा [15]चानुपूर्विकः ।
एकक्षणाभिसंबोधो लक्षणेन चतुर्विधः ॥ १६ ॥

स्वाभाविकः[16] सांभोगिको[17] नैर्माणिको ऽपरस्तथा ।
धर्मकायः[18] सकारित्रश्चतुर्धा समुदीरितः ॥ १७ ॥

---

1 A. B. प्रज्ञयोगभवे स्थानं, C. प्रज्ञा न भवे स्थानं. 2 A. न समे. 3 A. दुरत्व°. 4 B. °येनापि दूरता. 5 C. प्रयोगाः. 6 C. शैक्षो. 7 C. ऽवैवर्त्तिता. 8 C. क्षेत्रशुद्धि°. 9 B. निर्वेधिचित्त°. 10 A. चतुर्द्धाश्च. 11 C. प्रतिपक्षाश्चतुर्विधाः. 12 C. °नाखे. 13 B. °भिर्समय° (sic!). 14 C. °स्त्रिधा. 15 A. दशाधारानुपू°. 16 C. स्वाताविकः (sic!). 17 C. समाम्भोगो (sic!). 18 B. C. °कायसका°.

चित्तोत्पादः [1]परार्थाय सम्यक्संबोधिकामता ।
समासव्यासतः सा च यथासूत्रं स चोच्यते ॥ १८ ॥

[2]भूहेमचन्द्र[3]ज्वलनैर्निधि[4]रत्नाकरार्णवैः ।
वज्राचलौषधीमित्रैश्चिन्तामण्यर्कगीतिभिः ॥ १९ ॥

नृपगञ्जमहामार्गयान[5]प्रस्रवणोदकैः ।
आनन्दोक्तिनदीमेघैर्द्वाविंशतिविधः[6] स च ॥ २० ॥

[7]प्रतिपत्तौ च सत्येषु बुद्धरत्नादिषु त्रिषु ।
असक्तावपरिश्रान्तौ [8]प्रतिपत्संपरिग्रहे ॥ २१ ॥

चक्षुःषु पञ्चसु ज्ञेयः [9]षट्स्वभिज्ञागुणेषु च ।
दृङ्मार्गे भावनाख्ये चेत्यववादो दशात्मकः ॥ २२ ॥

मृदुतीक्ष्णेन्द्रि[10]यौ श्रद्धादृष्टिप्रा[11]प्तौ कुलंकुलौ ।
एकवीच्यन्तरोत्पद्य काराकारनिष्ठगाः ॥ २३ ॥

[12]प्लुतास्त्रयो भवस्याग्रप[13]रमो रूपरागहा ।
दृष्टधर्मशम[14]ः काय[15]साक्षी खड्गश्च विंशतिः ॥ २४ ॥

आलम्बनत आकाराद्धेतुत्वात्संपरिग्रहात् ।
चतुर्विकल्पसंयोगं यथास्वं भजतां सताम् ॥ २५ ॥

---

1 C. परार्थां सम्यक्संबोधि°. 2 A. हेमभूच°, C. भूह्रेच°. 3 C. ज्वलनैर्नि°. 4 C. °नाकारार्णवैः (sic!). 5 C. प्रशवणादकैः (sic!). 6 A. द्वाविंशतिविंशतिविधः सचः । (sic!). 7 A. प्रतिपंत्तौ. 8 C प्रतिपत्सामिरिग्रहे. 9 C षडभिज्ञागुणेषु. 10 A. °न्द्रियो, C. °न्द्रियौ (sic!). 11 A. °प्राप्तो. 12 C. स्रुतास्त्रयो (sic!). 13 A. B. परमो. 14 A. °शमः, B. °समन्ताग°. 15 C. शाक्षी.

[1]श्रावकेभ्यः सखड्गेभ्यो बोधिसत्त्वस्य [2]तायिनः ।
मृदुमध्याधिमात्राणामूष्मादीनां विशिष्टता ॥ २६ ॥

आलम्बनमनित्यादि [3]सत्याधारं, तदाकृतिः ।
निषेधो [4]ऽभिनिवेशादे[5]र्, हेतुर्यानत्रयाप्तये ॥ २७ ॥

रूपाद्यपचयापायौ, विष्ठास्थिती,[6] [7]प्रज्ञप्त्यवाच्यते ।
रूपाद्यवस्थितिस्तेषां तद्भावेनास्वभावता ॥ २८ ॥

तयोर्मि[8]थः स्वभावत्वं तदनित्याद्यसंस्थितिः ।
तासां [9]तद्भावशून्यत्वं मि[10]थः स्वाभाव्यमेतयोः ॥ २९ ॥

[11]अनुद्ग्रहो यो धर्माणां, [12]तन्निमित्तासमीक्षणम् ।
परीक्षणं च प्रज्ञया[13] सर्वस्यानुप[14]लम्भतः ॥ ३० ॥

[15]रूपादेरस्वभावत्वं, तदभावस्वभावता ।
तदजातिरनिर्याणं, शुद्धिस्, तदनिमित्तता ॥ ३१ ॥

तन्निमित्तानधिष्ठानानधि[16]मुक्तिरसंज्ञता ।
[17]समाधिस्, तस्य कारित्रं, व्याकृतिर्, [18]मननाक्षयः ॥ ३२ ॥

---

1 C. श्रावकेत्यः सत्यः सखड्गेभ्या (sic). 2 C. त्यायनः (sic).
3 A. सत्य°, B. सभ्य°, C. सत्याचारं. 4 C. इतिः निवे°. 5 A. °शादे हे°, C. °षादे हे°. 6 A. स्थिति. 7 A. प्रज्ञप्तवाच्यते, B. प्रज्ञात्यवाच्यते.
8 B. °र्मिर्थः. 9 A. B. तासात्तभाव°. 10 C. मिथस्वभाव्यने°.
11 A. C. अनुग्रहो. 12 A. C. धर्माणितनिमित्ता°. 13 A. B. C. प्रज्ञागाः.
14 °C. पलम्भ. 15 A. B. रूपादेव स्व°, C. रूपादेररस्व°.
16 A. °ष्ठानानधीमु°. 17 C. समाधिं. 18 A. व्याकृतिमनना°.

मिथस्त्रिकस्य स्वाभाव्यं समाधेरविकल्पना ।
इति निर्वेधभागीयं मृदुमध्याधिमात्रतः[1] ॥ ३३ ॥

द्वैविध्यं ग्राह्यकल्पस्य वस्तुतत्प्रतिपक्षतः[2]
मोहराश्यादिभेदेन[3] प्रत्येकं नवधा तु सः[4] ॥ ३४ ॥

द्रव्यप्रज्ञप्त्यधिष्ठानो[5][6] द्विविधो ग्राहको मतः ।
स्वतन्त्रात्मादिरूपेण, स्कन्धाद्याश्रयतस्तथा ॥ ३५ ॥

चित्तानवलीनत्वादिर्नैःस्वाभाव्यादिदेशकः ।
तद्विपक्षपरित्यागः सर्वथा संपरिग्रहः ॥ ३६ ॥

षोढाधिगमधर्मस्य[7] प्रतिपत्तिप्रहाणयोः[8] ।
तयोः[9] पर्युपयोगस्य प्रज्ञायाः कृपया सह ॥ ३७ ॥

शिष्यासाधारणत्वस्य परार्थानुक्रमस्य च ।
ज्ञानस्यायत्नवृत्तेश्च[10] प्रतिष्ठा गोत्रमुच्यते ॥ ३८ ॥

धर्मधातोरसंभेदाद्गोत्रभेदो[11] न युज्यते ।
आधेयधर्मभेदात्तु तद्भेदः परिगीयते[12] ॥ ३९ ॥

आलम्बनं सर्वधर्मास्ते पुनः कुशलादयः ।
लौकिकाधिगमाख्याश्च ये च लोकोत्तरा मताः ॥ ४० ॥

---

1 C. °धिगात्र. 2 A. वस्तुतत्प्रतिपक्षः. 3 A. °राश्यादि°.
4 C. शा (sic). 5 C. उव्य°. 6 A. °ष्ठाने, B. °ष्ठानो. 7 A. षाढा°, C. षोढाधदिगम° (sic). 8 A. प्रतिपत्त्य. 9 A. तयोप°. 10 C. ज्ञान-स्यायत्त° (sic). 11 B. °भेदो ऽङ्गात्र°. 12 C. परितीगत (sic).

[1]सास्रवानास्रवा धर्माः संस्कृतासंस्कृताश्च ये ।
शिष्यसाधारणा धर्मा ये[2] चासाधारणा मुनेः ॥ ४१ ॥

सर्वसत्त्वाग्रताचित्तप्रहाणाधिगमत्रये[3] ।
त्रिभिर्महत्त्वै[4]रुद्देशो विज्ञेयो ऽयं स्वयं[5]भुवाम् ॥ ४२ ॥

दानादौ षड्विधे तेषां प्रत्येकं संग्रहेण या ।
सन्नाहप्रतिपत्तिः सा षड्भिः षट्कैर्यथोदिता ॥ ४३ ॥

ध्याना[6]रूप्येषु दानादौ मा[7]र्गे मैत्र्यादिकेषु च ।
[8]गतोपलम्भयोगे च त्रिम[9]ण्डलविशुद्धिषु ॥ ४४ ॥

उद्देशे ष[10]ट्स्वभिज्ञासु सर्वाकारज्ञतानये ।
प्रस्थानप्रतिपज्ज्ञेया महायानाधिरो[11]हिणी ॥ ४५ ॥

[12]दृष्ट्वा दानादिकं षट्कं [13]शमथः सविदर्शनः ।
युगनद्धश्च यो [14]मार्ग उपाये [15]यश्च कौशलम् ॥ ४६ ॥

ज्ञानं [16]पुण्यं च मार्गश्च धारणी भूमयो दश ।
प्रतिपक्षश्च विज्ञेयः [17]संभारप्रतिपत्क्रमः ॥ ४७ ॥

लभ्यते प्रथमा भूमिर्दशधा परिकर्मणा ।
आशयो हितवस्तुत्वं सत्त्वेषु समचित्तता ॥ ४८ ॥

---

1 B. साश्रवानाश्रवा. 2 B. ये वासा°. 3 B. °धिगमे त्रये.
4 C. °रुद्देशा. 5 A. स्वयस्तुवाम्, C. °तूवाम् (sic!). 6 B. ध्यानत्रूप्येषु, C. त्रूप्येषु. 7 C. मार्ग (sic!). 8 A. ततो°. 9 A. (?) त्रिमणुत्र (?).
10 C. षट्स गिज्ञास्व. 11 A. °रोहिनी. 12 C. षद्दा दानादिकं.
13 A. B. शिमथः, C. समथः. 14 A. मार्गा. 15 C. पर्चकौशलं.
16 A. ज्ञानपुण्यश्च. 17 B. सम्भार°.

त्यागः[1] सेवा च मित्राणां सद्धर्मालम्बनैषणा[2] ।
सदा नैष्क्रम्यचित्तत्वं[3] बुद्धकायगता स्पृहा ॥ ४९ ॥

धर्मस्य देशना सत्यं दशमं वाक्यमिष्यते[4] ।
ज्ञेयं[5] च परिकर्मैषां स्वभावानुपलम्भतः ॥ ५० ॥

शीलं कृतज्ञता क्षान्तिः प्रामोद्यं महती कृपा ।
गौरवं गुरुशुश्रूषा वीर्यं दानादिके ऽष्टमम् ॥ ५१ ॥

अतृप्तता श्रुते दाने धर्मस्य च निरामिषं ।
बुद्धक्षेत्रस्य[6] संशुद्धिः संसारापरिखेदिता ॥ ५२ ॥

ह्रीरपत्राप्यमित्येतत्पञ्चधामननात्मकाम् ।
वनाशाल्पेच्छता तुष्टिर्व्रतिसंलेखसेवनम्[7] ॥ ५३ ॥

शिक्षाया अपरित्यागः कामानां विजुगुप्सनं[8] ।
निर्वृत्सर्वास्तिसंत्यागो ऽनवलीनानपेक्षते[9] ॥ ५४ ॥

संस्तवं कुलमात्सर्यं स्थानं संगणिकावहं ।
आत्मोत्कर्षपरावज्ञे[10] कर्ममार्गान्दशाशुभान्[11] ॥ ५५ ॥

मानं स्तम्भं विपर्यासं विमतिं[12] क्लेशमर्षणाम् ।
विवर्जयन्समाप्नोति दशैतान्पञ्चमीं[13] भुवम् ॥ ५६ ॥

---

1 A. त्यागसेवात्वमित्राणां, B. त्यागसेवा च मि°, C. त्यागाः सेवा च मि°. 2 A. सधर्म्मालंबनै°, B. सद्धर्म्मालम्बनै°, C. सद्धर्मालम्बनैषिणा. 3 A. नैक्रम्य, C. नैष्कर्म्य. 4 C. °ष्यतो. 5 A. ज्ञेयश्च. 6 C. बुद्धक्षेत्रः संसारापरिखेदिता. 7 A. तुष्टिर्व्रतिसंलेखलेवनं, C. तुष्टिव्रतसंलेख°. 8 B. कामानामृजुगु°, C. कामानां च जुगुप्सनं. 9 B. °लीनानपेक्षेते, A. °नुपेक्षेते, C. संत्यागोवलीनत्वानपेक्षते. 10 A. आत्मोत्कर्षे. 11 A. कर्ममार्गनदशा°. 12 C. विगतं. 13 C. देशतात्पञ्चमीस्तुम् (sic!).

दानशीलक्षमावीर्यध्यानप्रज्ञाप्रपूरणात् ।
शिष्य[1]खड्गस्पृहात्रास[2]चेतसां परिवर्जकः ॥ ५७ ॥

याचितो ऽनवलीनश्च सर्वत्यागे ऽप्यदुर्मनाः[3] ।
कृशो पि नार्थिनां[4] क्षेप्ता षष्ठीं[5] भूमिं समश्नुते[6] ॥ ५८ ॥

आत्मसत्त्वग्रहो जीवपुद्गलोच्छेदशाश्वताः ।
निमित्तहेत्वोः[7] स्कन्धेषु धातुष्वायतनेषु च ॥ ५९ ॥

त्रैधातुके[8] प्रतिष्ठानं सक्तिरालीनचित्तता ।
रत्नत्रितयशीलेषु तद्दृष्ट्यभिनिवेशिता[9] ॥ ६० ॥

शून्यतायां विवादश्च तद्विरोधश्च विंशतिः ।
कलङ्का यस्य विच्छिन्नाः सप्तमीमित्यसौ भुवम्[10] ॥ ६१ ॥

त्रिविमोक्षमुखज्ञानं त्रिमण्डलविशुद्धिता[11] ।
करुणामननाधर्मसमतैकनयज्ञता[12] ॥ ६२ ॥

अनुत्पादक्षमाज्ञानं धर्माणामेकधेरणा[13] ।
कल्पनायाः समुद्घातः[14] संज्ञादृक्क्लेशवर्जनम्[15] ॥ ६३ ॥

शमथस्य च निध्यप्तिः कौशलं च विदर्शने ।
चित्तस्य[16] दान्तताज्ञानं सर्वत्राप्रतिघाति च ॥ ६४ ॥

---

1 B. °खड्गं. 2 A. °त्रासंचेतसां. 3 C. °र्मन. 4 B. नार्थिना क्षेप्ता, C. नार्थिना क्षेप्तां. 5 A. B. षष्ठीभूमिं. 6 C. समस्तत. 7 A. C. °हेतोः. 8 C. तैधातुके. 9 A. तदृष्ट्य°. 10 C. भूवम्. 11 C. विशुद्धता. 12 A. °कारपता (?). 13 C. धर्मणात्मकाविकारणा (sic!). 14 B. सद्घातः, A. समुघ्यातः. 15 A. °दृक्नाक्लेश°, C. दृक्क्लेशवर्जना. 16 C. चित्तस्यादान्तता°.

सक्तोरभूमिर्यत्रेच्छं[1] क्षेत्रान्तरगतिः समम्[2] ।
सर्वत्र स्वात्मभावस्य दर्शनं चेति विंशतिः ॥ ६५ ॥

सर्वसत्त्वमनोज्ञानमभिज्ञाक्रीडनं[3] शुभा ।
बुद्धक्षेत्रस्य निष्पत्तिर्बुद्धसेवापरीक्षणे ॥ ६६ ॥

अक्षज्ञानं जिन[4]क्षेत्रशुद्धिर्मायोपमा स्थितिः ।
संचिन्त्य च भवादानमिदं कर्माष्ट[5]धोदितं ॥ ६७ ॥

प्रणिधानान्यनन्तानि देवादीनां रुतज्ञता ।
नदीव[6] प्रतिभानानां गर्भाव[7]क्रान्तिरुत्तमा ॥ ६८ ॥

कुलजात्योश्च गोत्रस्य[8] परिवारस्य जन्मनः ।
नैष्क्रम्यबोधिवृक्षाणां[9] गुणपूरेश्च[10] संपदः ॥ ६९ ॥

नव [11]भूमीरतिक्रम्य बुद्धभूमौ प्रतिष्ठते ।
येन ज्ञानेन सा ज्ञेया दशमी बोधसत्त्वभूः ॥ ७० ॥

प्रतिपत्तौ ऽष्टधा ज्ञेयो दर्शनाभ्याससमार्गयोः ।
ग्राह्यग्राहकविकल्पानामष्टानामुपशान्तये[12] ॥ ७१ ॥

उद्देशे समतायां च सत्त्वार्थे यत्नवर्जने ।
अत्यन्ताय[13] च निर्याणं निर्याणं प्राप्तिलक्षणम् ॥ ७२ ॥

---

1 A. सतोर°. 2 A. deest समं, C. °गतिसम (sic!).
3 A. B. C. °क्रीडने. 4 A. °क्षेत्रं शुद्धिमायो°, B. C. °क्षेत्रशुद्धि°.
5 C. °ष्टचोदितं. 6 A. B. नदी च. 7 A. गभवक्रान्ति°.
8 C. ग्रातुस्य (sic!). 9 A. °वृक्षानां. 10 A. गुणपरेश्च, C. गुणपूरेस्व.
11 A. भूमिर°. 12 C. °वोविकल्पनानामष्टानामूपसान्तये (sic!). 13 A. अत्यन्ता य च, C. अत्यन्ताय च.

सर्वाकारज्ञतायां च निर्याणं मार्गगोचरम् ।
निर्याणप्रतिपज्ज्ञेया सेयमष्टावधात्मिका ॥ ७३ ॥

अभिसमयालङ्कारे प्रज्ञापारमितोपदेशशास्त्रे सर्वाकारज्ञताधिकारः प्रथमः ॥

[1]श्यामीकरणता भाभिर्देवानां योग्यतां[2] प्रति ।
विषयो नियतो व्याप्तिः[3] स्वभावस्तस्य[4] कर्म च ॥ १ ॥

चतुर्णामार्यसत्यानामाकारानुपलम्भतः ।
श्रावकाणामयं मार्गो ज्ञेयो मार्गज्ञतानये[5] ॥ २ ॥

रूपादिस्कन्धशून्यत्वाच्छून्यतानामभेदतः[6] ।
[7]ऊष्मगतो ऽनुपलम्भेन तेषां मूर्धगतं[8] मतम्[9] ॥ ३ ॥

[10]क्षान्तयस्तेषु नित्यादियोगस्थाननिषेधतः ।
दशभूमीः समारभ्य निस्तरात्तशानदेशनात् ॥ ४ ॥

अग्रधर्मगतं प्रोक्तमार्यश्रावकवर्त्मनि ।
तत्कास्य हेतोर्बुद्धेन बुद्धा[11] धर्मासमीक्षणात् ॥ ५ ॥

परोपदेशवैयर्थ्यं[12] स्वयंबोधात्स्वयंभुवां ।
[13]गम्भीरता च ज्ञानस्य खड्गानामभिधीयते ॥ ६ ॥

---

1 A. B. ध्यामी°, C. व्यामे°. 2 B. योगतां. 3 C. प्राप्तिः.
4 A. B. स्वभावतस्य. 5 A. मार्गोज्ञता°. 6 B. °शून्यताच्छु°, C. °शून्यता-च्छून्य°. 7 A. omits 2½ ślokas beginning ऊष्मगतो. 8 B. मूर्द्ध°.
9 C. omits. 10 B. क्षान्तियस्त°, C. क्षान्तयाः तेषु. 11 C. बुध्याधर्म°.
12 B. वैपथ्य. 13 A. B. omit 4 syllables after °भुवां.

शुश्रूषा[1] यस्य यस्यार्थे यत्र यत्र यथा यथा ।
स सो ऽर्थः ख्यात्यशब्दोपि तस्य तस्य तथा तथा ॥ ७ ॥

ग्राह्यार्थकल्पनाहानाद् ग्राहकस्याप्रहाणतः[2] ।
आधारतश्च विज्ञेयः खड्गमार्गस्य संग्रहः ॥ ८ ॥

प्रज्ञप्तेरविरोधेन[3] धर्मतासूचनाकृतः[4] ।
ऊष्मगं[5], मूर्धग रूपाद्यहानादिप्रभावितम्[6] ॥ ९ ॥

अध्यात्मशून्यताद्याभी रूपादेरपरिग्रहात्[7][8] ।
क्षान्ती, रूपाद्यनुत्पादाद्याकारैरग्रधर्मता[9][10] ॥ १० ॥

क्षान्तिज्ञानक्षणैः[11] सत्यं सत्यं प्रति चतुर्विधैः ।
मार्गज्ञतायां दृङ्मार्गः सानुशंसो ऽयमुच्यते[12] ॥ ११ ॥

आधाराधेयताभावात्तथताबुद्धयोर्मिथः[13][14] ।
पर्यायेणाननुज्ञानं, महत्ता[15], साप्रमाणता ॥ १२ ॥

परिमाणाग्रताभावो[16], रूपादेरवधारणम्[17] ।
तस्यां[18] स्थितस्य बुद्धत्वे, ऽनुग्रहात्यागतादयः[19] ॥ १३ ॥

---

1 C. सश्रुषा (sic!). 2 B. °प्रहानतः. 3 A. प्रज्ञप्तारविरो°, B. प्रज्ञप्त्यरविरो°. 4 A. B. °कृती. 5 C. ऊष्मगतं. 6 C. omits. 7 B. रूपादेव°. 8 A. °रपरिग्रहो (?). 9 A. क्षान्तिरू°. 10 A. °नुत्पादाकारै°. 11 A. °क्षणैः (?). 12 B. °शन्सोमगुच्यते, A. °शन्सोमगुच्यते, C. सत्तृशंसो ऽयमुच्यते. 13 A. आधारधेयता°, C. आधारधेयता°. 14 B. °तावुयोर्म्मियः, A. °ताबुद्धयो मिथः. 15 A. महत्ता, B. महंता. 16 B. °ऽभावो, A. °भावो: 17 A. B. रूपादेवव्यवधारणं. 18 A. तस्या. 19 A. B. °त्वे ऽनुग्रहा°.

मैत्र्यादि, शून्यता[1], प्राप्तिर्बुद्धत्वस्य, परिग्रहः ।
सर्वस्य व्यवदानस्य, सर्वाधिव्याधिशान्तनम् ॥ १४ ॥

निर्वाणप्राक्कृशान्तत्वे, बुद्धेभ्यो रक्षणादिकम् ।
अप्राणिवधमारभ्य सर्वाकारज्ञतानये ॥ १५ ॥

स्वयंस्थितस्य सत्वानां स्थापनं, परिणामनम्[2] ।
दानादीनां च संबोधाविति मार्गज्ञतालक्षणाः ॥ १६ ॥

सर्वतो दमनं नामः सर्वतः[3] क्लेशनिर्जयः ।
उपक्रमाविषक्तत्वं[4] बोधिराधारपूज्यता ॥ १७ ॥

अधिमुक्तिस्त्रिधा ज्ञेया स्वार्था च स्वपरार्थिका ।
परार्थिकैवेत्येषा[5] च प्रत्येकं त्रिविधेष्यते ॥ १८ ॥

मृद्वी मध्याधिमात्रा च मृदुमृद्वादिभेदतः ।
सा पुनस्त्रिविधेत्येयं सप्तविंशतिधा मता ॥ १९ ॥

स्तुतिः स्तोभैः[6] प्रशंसा[7] च प्रज्ञापारमितां प्रति ।
अधिमोक्तस्य मात्राणां नवकैस्त्रिभिरिष्यते[8] ॥ २० ॥

विशेषपरिणामस्तु तस्य कारित्रमुत्तमम् ।
नोपलम्भाकृतित्र्यातावविपर्यासलक्षणः ॥ २१ ॥

---

1 B. °शून्याता. 2 A. परिणामलं. 3 B. सर्वतक्लेशवगे: (sic). C. सर्वतः क्लेशंनिर्जयः. 4 C. °विपक्तात्वं बोधिराधारगोक्तता (sic). 5 C. परार्थिको वेत्येषा. 6 A. वोगे:, C. स्तोतः. 7 A. B. प्रसंसा, C. प्रससा (sic). 8 C. °रिष्टते.

विविक्तो बुद्धपुण्यौघस्वभावस्मृतिगोचरः ।
सोपायश्चानिमित्तश्च बुद्धैरभ्यनुमोदितः ॥ २२ ॥

त्रैधातुकाप्रपन्नश्च परिणामो ऽपरस्त्रिधा ।
मृदुमध्याधिमात्रश्च[1] महापुण्योदयात्मकः ॥ २३ ॥

उपायानुपलम्भाभ्यां शुभमूलानुमोदना[2] ।
अनुमोदे मनस्कारभावनेह विधीयते ॥ २४ ॥

स्वभावः श्रेष्ठता तस्य सर्वस्यानभिसंस्कृतिः ।
नोपलम्भेन धर्माणामर्पणा च महार्थता ॥ २५ ॥

बुद्धसेवा च दानादिषुपारगे यत्न कौशलम् ।
हेतवो ऽत्राधिमोक्षस्य, धर्मव्यसनहेतवः ॥ २६ ॥

माराधिष्ठानगम्भीरधर्मतानधिमुक्तते[3] ।
स्कन्धाद्यभिनिवेशश्च[4] पापमित्रपरिग्रहः ॥ २७ ॥

फलशुद्धिश्च[5] रूपादिशुद्धिरेव तयोर्द्वयोः[6] ।
अभिन्नाच्छिन्नता यस्मादिति शुद्धिरुदीरिता ॥ २८ ॥

क्लेशज्ञेयत्रिमार्गस्य शिष्यखड्गजिनौरसाम्[7] ।
ज्ञानादिशुद्धिरात्यन्तिकी[8] तु बुद्धस्य सर्वथा ॥ २९ ॥

---

1 A. मृदुर्मध्योधि°, B. मृदुमध्योधि°. 2 B. °मोदमा (sic!).
3 A. °मुत्तां ते. 4 C. स्कान्धादिभिनिवेशश्च. 5 C. फलविशुद्धिश्च रूपादिविशुद्धिरेव. 6 A. तयाद्वयाः (sic!), C. तयोर्द्वयोः. 7 C. शिष्यखड्ग°.
8 A. °रात्यन्तिकीर्त्त°, B. °राभ्यन्तिकीर्त्त°.

तृतीयाधिकारः ।

मृदुमृद्वादिको मार्गः शुद्धिर्नवसु[1] भूमिषु ।
अधिमात्राधिमात्रादेर्मलस्य प्रतिपक्षतः ॥ ३० ॥

त्रिधातुप्रतिपक्षत्वं समता[2] मानमेययोः ।
मार्गस्य चेष्यते तस्य चोद्यस्य परिहारतः ॥ ३१ ॥

अभिसमयालङ्कारे प्रज्ञापारमितोपदेशशास्त्रे मार्गज्ञताधिकारो द्वितीयः[3] ॥

[4]नापरे न परे तीरे नान्तराले तयोः[5] स्थिता ।
अध्वनां समताज्ञानात् प्रज्ञापारमिता मता[6] ॥ १ ॥

अनुपायेन दूरं[7] सा सनिमित्तोपलम्भतः ।
[8]उपायकौशलेनास्याः[9] सम्यगासन्नतोदिता[10] ॥ २ ॥

रूपादिस्कन्धशून्यत्वे धर्मेषु त्र्यध्वगेषु च ।
[11]दानादौ बोधिपक्षेषु चर्यासंज्ञा विपक्षता[12] ॥ ३ ॥

दानादिष्वनहंकारः[13] परेषां तन्नियोजनम् ।
[14]संगकोटिनिषेधो ऽयं सूक्ष्मः संगो जिनादिषु ॥ ४ ॥

---

1 A. B. शुद्धिनवसु, C. शुद्धिन्नवसु. 2 B. समतानमेयगोः (sic!), C. समतायानमेययोः. 3 A. B. °धिकारपरिच्छेदः. 4 C. नापरेणापरे. 5 B. C. तयोस्थिता. 6 A. मताः. 7 A. दूरं सांलनिमित्त° (sic!). 8 B. उपापावौशलेना°. 9 A. °नास्या. 10 C. सम्यगासन्नोदिता. 11 C. रानादौ (sic!). 12 B. °पक्षतो. 13 B. °नह्कारः. 14 A. °कोटि°, B. °कोटी°.

अभिसमयालङ्कारः

तद्गाम्भीर्यं प्रकृत्यैव विविक्ताद्धर्मपद्धतेः[1] ।
एकप्रकृतिकं ज्ञानं[2] धर्माणां[3] संगवर्जनम् ॥ ५ ॥

दृष्टादिप्रतिषेधेन[4] तस्य दुर्बोधतोदिता[5] ।
रूपादिभिरविज्ञानात्तदचिन्त्यत्वमिष्यते[6][7] ॥ ६ ॥

एवं कृत्वा यथोक्तो वै ज्ञेयः सर्वज्ञतानये ।
अयं विभागो निःशेषो विपक्षप्रतिपक्षयोः ॥ ७ ॥

रूपादौ तदनित्यादौ तदपूरिप्रपूरयोः[8] ।
तदसंगत्वे चर्यायाः प्रयोगः[9] प्रतिषेधतः ॥ ८ ॥

अविकारो न कर्ता च प्रयोगो दुष्करस्त्रिधा ।
यथाभव्यं फलप्राप्तेरवन्ध्यो[10] ऽभिमतश्च सः[11] ॥ ९ ॥

अपरप्रत्ययो यश्च सप्तधाख्यातिवेदकः ।
चतुर्धाऽमनना तस्य रूपादौ समता मता[12] ॥ १० ॥

धर्मज्ञानान्वयज्ञान[13]ताक्षज्ञानतयात्मकः[14] ।
दुःखादिसत्ये[15] दृङ्मार्ग एष[16] सर्वज्ञतानये ॥ ११ ॥

---

1 A. विवकाद्धर्मपद्धतेः, C. विवेकाद्धर्मपद्धतेः. 2 A. ज्ञान, C. ज्ञाणा.
3 C. धर्माणात्संग°. 4 A. B. दृष्टा°. 5 A. दुर्वेधितोदिता, C. दुर्बोधता मता.
6 B. रूपोदि°. 7 B °ज्ञानोत्त°. 8 A. °रयो. 9 A. B. प्रयोगप्रतिषेधतः.
10 A. °वन्ध्य ऽभिम°, B. °वन्धो ऽभि°, C. °वंध्येति मतश्च सः.
11 A. स. 12 A. मताः, B. omits. C. रूपादौ समतादौ मनागता (sic!).
13 B. धर्मज्ञान्वय°. 14 A. °न्वयज्ञाय°. 15 A. °सत्यदृ°.
16 A. B. एषः.

रूपं[1] न नित्यं नानित्यमतीतात्तं विशुद्धताम्[2] ।
अनुत्पन्नानिरुद्धादि व्योमाश्लेषवर्जितम् ॥ १२ ॥

परिग्रहेण निर्मुक्तमव्याहारं स्वभावतः ।
प्रव्याहारेण[3] नास्यार्थः परेषु प्राप्यते यतः ॥ १३ ॥

नोपलम्भकृदत्यन्तविशुद्धिर्व्याध्यसंभवः[4] ।
अपायोच्छित्त्यकल्पत्वं[5][6] फलसाक्षात्क्रियां प्रति ॥ १४ ॥

असंसर्गो निमित्तैश्च वस्तुन व्यञ्जने द्वयोः[7] ।
ज्ञानस्य या[8] चानुत्पत्तिरिति सर्वज्ञतालक्षणाः[9] ॥ १५ ॥

इति शेषं पुनः शेषं शेषं खलु पुनस्त्रिधा[10] ।
अधिकारत्रयस्यैषा समाप्तिः परिदीपिता ॥ १६ ॥

अभिसमयालङ्कारे प्रज्ञापारमितोपदेशशास्त्रे सर्वज्ञताधिकारस्तृतीयः ॥

वस्तुज्ञानप्रकाराणामाकारा[11] इति लक्षणम् ।
सर्वज्ञतानां त्रैविध्यात्त्रिविधा एव ते मताः ॥ १ ॥

---

1 C. रूपन्नित्यन्नानिमतीतात्तं (sic!). 2 B. °शुद्धत्वं (sic!).
3 C. पुव्याहारेण. 4 A. नोपलकृ (?) दत्यन्त°, B. नोपलतदत्यन्त°,
C. नोपलम्भकृदन्त°. 5 A. अपायेच्छि°, B. अपयेच्छि°. 6 B. °कल्पेत्वे,
A. C. °कल्पत्वे. 7 A. B. C. द्वयो. 8 C. प्राचानुत्पत्तिरिति.
9 B. सवतालक्षणाः. 10 A. इति शेषं पुनः शैषं शिषं खलु पुम्त्रिधा,
B. इति शेषं पुनः सेषं सेषं खलु पुनस्त्रिधा. 11 A. °प्रकारात्म्यमा° (?).

[1]असदाकारमारभ्य यावन्निश्चलताकृतिः ।
चत्वारः प्रति[2] सत्यं ते मार्गे[3] पञ्चदश स्मृताः ॥ २ ॥

हेतौ मार्गे[4] च दुःखे[5] च निरोधे च यथाक्रमम् ।
षष्ठी ते सप्त पञ्चेति षोडशेति च कीर्तिताः ॥ ३ ॥

स्मृत्युपस्थानमारभ्य बुद्धत्वाकारपश्चिमाः ।
शिष्याणां[6] बोधिसत्त्वानां बुद्धानां च यथाक्रमम् ॥ ४ ॥

[7]सप्तत्रिंशच्चतुस्त्रिंशत्त्रिंशन्नैव[8] च ते मताः[9] ।
त्रिसर्वज्ञत्वभेदेन मार्गसत्यानुरोधतः[10] ॥ ५ ॥

कृताधिकारा बुद्धेषु तेषूप्तशुभमूलकाः[11] ।
[12]मित्रैः सनाथाः कल्याणैरस्याः[13] श्रवणभाजनम्[14] ॥ ६ ॥

बुद्धोपासनसंप्रश्नदानशीलादिचर्यया[15] ।
उद्ग्रहधारणादीनां भाजनत्वं सतां[16] मतम् ॥ ७ ॥

रूपादिष्वनवस्थानात्तेषु योगनिषेधतः ।
तत्तथता[17]गम्भीरत्वात्तेषां दुरवगाह्यतः[18] ॥ ८ ॥

---

1 C. असदाकालमा°. 2 A. चत्वारः प्रतिरप्रति सत्यत्ते, C. चत्वार प्रतिपत्यत्ते (sic!). 3 A. मार्गपञ्च°. 4 A. मार्गच. 5 A. B. दुष्खे. 6 C. शिषाणां. 7 A. सप्तत्रिश°. 8 A. B. त्रिंशन्नेव. 9 B. मतेताः. 10 C. °नुरोपतः. 11 A. B. तेषुपशुभमूलकाः (sic!), C. तेपुप्तशुभमूलकाः. 12 A. B. मित्रैसनाथानता°, C. मित्रैसनाथाः. 13 A. °रस्या. 14 A. °भाजने. 15 A. चर्यया. 16 C. सतात्मतम्. 17 A. तत्तथागतागम्भीर°. 18 A. °त्तेषनुरवगाह्यतः, C. दुरवगोह्यतः.

तदप्रामाण्यतः कृच्छ्राच्चिरेण[1] प्रतिबोधतः ।
व्याकृतावविवर्त्यत्वे[2] निर्याणे सनिरन्तरे ॥ ९ ॥

आसन्नबोधिं[3] क्षिप्रं च परार्थं[4] ऽवृद्धहानितः ।
[illegible] च [illegible] ॥ १० ॥

तूपादेस्तन्निमित्तस्य[5] तद्भावस्याविकल्पनः ।
[6]फलरत्नप्रदाता च शुद्धकः सावधिश्च सः ॥ ११ ॥

माराणां शक्तिहान्यादिश्चतुर्दशविधो गुणः ।
दोषाश्च षड्विबोद्धव्याश्चतुर्भिर्दशभिः सह[7] ॥ १२ ॥

[8]लक्ष्यते येन तज्ज्ञेयं लक्षणं त्रिविधं च तत्[9] ।
ज्ञानं विशेषः[10] कारित्रं स्वभावो[11] यश्च लक्ष्यते ॥ १३ ॥

तथागतस्य निर्वृत्तौ[12] लोके चालुम्पनात्मके[13] ।
सत्त्वानां चित्तचर्यासु तत्संक्षेपे[14] बहिर्गतौ ॥ १४ ॥

अक्षयाकारतायां च सरागादौ प्रविस्तृते[15] ।
[16]महद्गते ऽप्रमाणे च विज्ञाने चानिदर्शने[17] ॥ १५ ॥

---

1 A. कृच्छ्राचिरेण. 2 A. °ता च निवर्त्तात्ते, B. °ता चानिवर्त्यत्वे, C. °तावविवर्त्यत्वे. 3 B. अस्तन्न°, C आसन्निबोधि. 4 B. परार्थं ऽक्ष्यक्षारितः, A. परार्थः वृद्ध्यक्षारितः, C. परार्थं ऽवृद्धक्षानिताः.

5 A. तूपादेस्त्तमिनिस्तस्य. 6 C. फालरत्न°. 7 C. पद्विवोद्धव्याश्च°.

8 A. C. लक्षते. 9 A. B. तम्. 10 A. विशेषकारित्रं, C. ज्ञानशेषंकारित्रं

11 B. स्वभावोश्च लक्ष्यते, C. स्वभावो यश्च लक्षते. 12 A. C. निवृत्तौ.

13 A. B. चालुप्यनात्मके, C. °वृत्तौ के चालुलनात्मके. 14 C. ततसंक्षेपे.

15 A. प्रविस्ततते, C. प्रस्तृते. 16 A. महद्गतेः. 17 A. चानिदर्शनं.

अदृश्यचित्तज्ञाने च तदुन्मिञ्जादि[1]संज्ञकम्[2] ।
पुनस्तथताकारेण तेषां ज्ञानगतः[3] परम् ॥ १६ ॥

तथतायां मुनेर्बोधे[4] तत्पराख्यानमित्ययम् ।
सर्वज्ञताधिकारेण ज्ञानलक्षणसंग्रहः ॥ १७ ॥

शून्यत्वे सानिमित्ते च प्रणिधानविवर्जने[5] ।
अनुत्पादानिरोधादौ[6] धर्मताया अकोपने[7] ॥ १८ ॥

असंस्कारे[8] ऽविकल्पे च प्रभेदालक्षणत्वयोः ।
मार्गज्ञताधिकारेण ज्ञानलक्षणमिष्यते[9] ॥ १९ ॥

[10]स्वधर्ममुपनिश्रित्य विहारे तस्य सत्कृतौ ।
गुरुत्वे माननायां च तत्पूजाकृतकत्वयोः ॥ २० ॥

सर्वत्रवृत्ति[11]संज्ञानमदृष्टस्य च दर्शकम्[12] ।
लोकस्य शून्यताकारसूचक[13]ज्ञापकान्तगम्[14] ॥ २१ ॥

अचिन्त्यशान्तता[15]दर्शि लोक[16]संज्ञानिरोधि च ।
ज्ञानलक्षणमित्युक्तं सर्वाकारज्ञतानये ॥ २२ ॥

---

1 A. तदुन्मिञ्जोदि, B. तदुन्मिञ्जाद. 2 A. संज्ञाकं.
3 C. °गताः परम्. 4 A. मुनेर्बोधे, C. मुनेर्बोदस्ततपरा°.
5 C. प्रणिधानविवर्जिते. 6 B. अनुत्पादो. 7 C. अकोपत.
8 A. B. असंस्कारे विक°. 9 B. °गतते. 10 C. सुधर्मामुपणिश्रित्य.
11 C. °वृत्तिमज्ञान°. 12 C. दर्शनं. 13 A. B. शूचक°, C. सुचक°.
14 C. omits. 15 A. °शातता°. 16 C. लोकं.

चतुर्थाधिकारः ।

ग्रचिन्त्यादविशेषेण विशिष्टैः[1] सत्यगोचरैः[2] ।
विशेषलक्षणं षड्भिर्दशभिश्चोदितं क्षणैः[3] ॥ २३ ॥

ग्रचिन्त्यातुल्यत्वे[4] मेयसंख्ययोः[5] समतिक्रमौ ।
सर्वार्थसंप्रक्तो[6] त्विज्ञवेग्यासाधारणज्ञत्वे[7] ॥ २४ ॥

त्रिप्रज्ञान्यूनपूर्णत्वे[8] प्रतिपत्समुदागमौ ।
ग्रालम्बनं च साधारं साकल्यं[9] संपरिग्रहः ॥ २५ ॥

ग्रनास्वादश्च[10] विज्ञेयो विशेषः षोडशात्मकः ।
विशेषमार्गो[11] मार्गेभ्यो येनान्येभ्यो[12] विशिष्यते ॥ २६ ॥

हितं सुखं च त्राणं च शरणं लयनं नृणाम् ।
परायणं[13] च द्वीपं च परिणायकसंज्ञकम् ॥ २७ ॥

ग्रनाभोगं[14] त्रिभिर्यानैः फलासाक्षात्क्रियात्मकम् ।
पश्चिमगतिकारित्रमिदं[15] कारित्रलक्षणम् ॥ २८ ॥

क्लेशलिङ्गनिमित्तानां विपक्षप्रतिपक्षयोः ।
विवेको दुष्करैकान्ता[16]वुद्देशो[17] ऽनुपलम्भकः ॥ २९ ॥

---

1 A. विशिष्टेः. 2 A. °गोचरैः. 3 A. omits : 4 C. °तुल्यते.

5 A. मेयं सं°. 6 B. सर्वार्पसंगे क्तो वि°, C. सर्वासंप्रक्तो. 7 A. B. °वेग्य°, C. °वेग्यासाधारणज्ञते. 8 A. ज्ञान्युन°, B. ज्ञात्नुन° or त्यून°, C. ज्ञान्युन°.

9 B. साकल्पसं°. 10 A. ग्रनाश्वादश्च विज्ञः यो ऽशात्मकः, B. विज्ञेयो, C. ग्रनास्वादाश्च विज्ञेया. 11 A. B. °मार्गा. 12 °येमान्येभ्यो.

13 A. परोयणाच (?), C. परागनं च. 14 A. त्रिभिर्या°. 15 B. C. पश्चिमं.

16 A. दुष्करैत्रान्ता°. 17 A. B. °चुद्देशा, C. चुद्देशा.

निषि[1]द्धाभिनिवेशश्च पश्चालम्बनसंज्ञकः ।
विप्रत्ययो ऽविघा[2]ती च सो ऽपदागत्यन्नातिकः ॥ ३० ॥

तथतानुपलम्भश्च स्वभा[3]वः षोडशात्मकः ।
[4]लक्ष्मेव लक्ष्यते चेति चतुर्थलक्षणं मतम् ॥ ३१ ॥

अनिमित्त[5]प्रदानादिसमुदा[6]गमकौशलम् ।
सर्वाकारावबोधे ऽस्मि[7]न्योतभागीयमिष्यते ॥ ३२ ॥

बुद्धाद्यालम्बना श्रद्धा वी[8]र्यं दानादिगोचरम् ।
[9]स्मृतिराशयसंपत्तिः समाधिरविकल्पना ॥ ३३ ॥

धर्मेषु सर्वै[10]राकारैर्ज्ञानं [11]प्रज्ञेति पञ्चधा ।
तीक्ष्णैः सुबोधा संबो[12]धिर्दुर्बोधा मृदुभिर्मता ॥ ३४ ॥

आलम्बनं सर्वे[13] सत्त्वा ऊष्मणामिह शस्यते ।
समचित्तादिराकारास्तेष्वेव दशधो[14]दिताः ॥ ३५ ॥

स्वयं पापान्निवृत्तस्य दानाद्येषु स्थितस्य च ।
[15]तयोर्नियोजनान्येषा वर्णवादानुकूलते ॥ ३६ ॥

---

1 C. निषद्धा°. 2 A. ऽविघाती, C. ऽविघातीन. 3 C. स्वभावाः.

[illegible]

[illegible]

9 C. स्मृत्यराशय°. 10 A. B. omits, C. सर्वराकारैज्ञानं.

11 B. ज्ञानं प्रज्ञति प°. 12 A. omits, C. संबोधिस्तीक्ष्णाः सुबोधा.

13 A. सर्वसत्त्वा, C. आलम्बनाः सर्वंन (sic). 14 A. °स्तेष्वेव दशवोदिनः,

B. °स्तेष्वेव दशवोदिनः, C. °स्तेष्वव दशधोदितः. 15 C. तयोर्नियोजनान्येषा.

मूर्धगं स्वपराधारं सत्यज्ञानं[1] तथा क्षमा ।
तथाग्रधर्मा विज्ञेयाः सत्वाना[2] पाचनादिभिः ॥ ३७ ॥

निर्वेधाङ्गान्युपादाय दर्शनाभ्यासमार्गयोः ।
ये[3] बोधसत्वा वर्तन्ते सो ऽत्राविवर्तिको गणः ॥ ३८ ॥

रूपादिभ्यो निवृत्त्याद्यै[4]र्लिङ्गैर्विंशति[5]धारतैः ।
[6]निर्वेधाङ्गस्थितस्येदमविवार्तकलक्षणम् ॥ ३९ ॥

रूपादिभ्यो निवृत्तिश्च विचिकित्साक्षणात्ययो[7] ।
[8]आत्मना कुशलस्थस्य परेषां तन्नि[9]योजनम् ॥ ४० ॥

पराधारं च दानादि गम्भीरे ऽर्थे ऽप्य[10]काङ्क्षणम् ।
मैत्रं कायाद्यसंवासः पञ्चधावरणेन च ॥ ४१ ॥

सर्वानुशयपक्वानं च स्मृतसंप्रज्ञता शुचि ।
चीवरादि शरीरे च [11]कृमीणामसमुद्भवः[12] ॥ ४२ ॥

चित्तावकौटिल्यमादानं [13]धूतस्यागत्सरादिता ।
[14]धर्मतायुक्तगामित्वं लोकार्थं नरकैषणा ॥ ४३ ॥

पौरोगता गारस्यान्यगा[15]र्गोपदेशिनः ।
गार [illegible] चर्या बुद्धानुमोदिता ॥ ४४ ॥

1 B. °ज्ञानंत्तथा. 2 A. B. याचना°, C. पाचनाधिभिः 3 C. यो.
4 A. [illegible], C. निवृत्त्याद्यैर्लिङ्ग. 5 C. विंशतिवेरितैः. 6 A. निर्वेधाङ्ग.
7 A. °तयो, C. [illegible]. 8 B. [illegible] 9 A. [illegible]
10 A. B. C. °प्यकाक्षणं. 11 B. क्रिमीणा°, C. क्रमीणाम°. 12 B. °भाः.
13 A. C. धुतस्या°. 14 A. धर्मत्ता°, C. धर्मतायुक्तगामित्वं.
15 C. °र्गोपदेशनाः.

ऊष्ममूर्द्धसु[1] सत्वात्तिषय्रधर्मेषु[2] च स्थितः ।
लिङ्गैरमीभिर्विंशत्या[3] संबोधेर्न विवर्तते ॥ ४५ ॥

तात्तिज्ञानक्षणाः[4] षट्[5] च पञ्चपञ्च च दृक्पथे ।
बोधिसत्वस्य विज्ञेयमवैवर्तिकलक्षणम् ॥ ४६ ॥

रूपादिसंज्ञाव्यावृत्तिर्दार्ढ्यं[6] चित्तस्य हीनयोः ।
[7]यानयोर्विनिवृत्तिश्च ध्यानाद्यङ्गपरिक्षयः ॥ ४७ ॥

कायचेतोलघुत्वं[8] च कामसेवाभ्युपायिकी ।
सदैव ब्रह्मचारित्वमाजीवस्य[9] विशुद्धता ॥ ४८ ॥

स्कन्धादावन्तरायेषु सम्भारे सेन्द्रियादिके ।
समरे मत्सरादौ[10] च नेति योगानुयोगयोः[11] ॥ ४९ ॥

विहारप्रतिषेधश्च[12] धर्मस्यापायोरलब्धता[13] ।
निश्चितत्वं स्वभूमौ[14] च भूमित्रितयसंस्थितिः[15] ॥ ५० ॥

---

1 B. उष्ममूर्द्धासु (sic!), C. ऊपामूर्द्धसस्कात्त्रिष्व° (sic!). 2 B. omits. 3 B. लिंगैवमी° (sic!), C. लिङ्गैरमीगिर्विंसत्या. 4 A. omits : 5 A. षद्पंचचद°, B. षट्चपञ्चपञ्चपद°, C. षट्प्रपञ्चपञ्च च दृतथे (sic!). 6 A. °वृत्तिदार्घ्यचित्तस्य, B. °वृत्तिर्द्दाचित्तस्य, C. °वृत्तिदार्घाचित्तस्य. 7 A. यानगोविनि°, B. पानयोविनि°, C. गानयोविनि°. 8 C. °चितोल°. 9 C. बुह्नचारित्वे ज्ञीवस्य (sic!). 10 C. समरादौ च. 11 A. नेति योगात्रयोगयो, B. नेति योगायोगयोः, C. गागानुयोगयोः. 12 A. प्रतिपधश्च. 13 A. धर्मस्पाशालरब्धता (?), B. धर्मस्पाणोरलब्धतो (?), C. घर्मस्यानोरलब्धता. 14 C. सभूमौ. 15 A. °स्थितः, C. भूमित्रेत्रयसंस्थिताः.

[1]धर्मार्थे जीवितत्याग इत्यमी षोडश क्षणाः ।
अवैवर्तिकलिङ्गा[2]नि [3]दृङ्मार्गस्थस्य धीमतः[4] ॥ ५१ ॥

गम्भीरो भावनामार्गो गाम्भीर्यं शून्यतादिकम् ।
समारो[5]पापवादान्तमुक्तता सा गभीरता ॥ ५२ ॥

चिन्तातुल[6]ननिध्यानान्यधीक्ष्णां भावनापथः[7] ।
निर्वेधा[8]ङ्गेषु दृङ्मार्गे भावनामार्ग एव च ॥ ५३ ॥

[9]प्राबन्धिकत्वादिष्टो [10]ऽसौ [11]नवधा च प्रकारतः ।
मृदुमध्याधिमात्राणां [12]पुनर्मृद्वादिभेदतः ॥ ५४ ॥

[13]असंख्येयादिनिर्देशाः परमार्थेन [14]न क्षमाः ।
कृपानिष्य[15]न्दभूतास्ते संवृत्त्याभिमता मुनेः ॥ ५५ ॥

न हानिवृ[16]द्धी युज्येते निरालापस्य वस्तुनः ।
भावनाख्येन किं केन व[17]र्त्मना किमुदागतम् ॥ ५६ ॥

यथा बोधिस्तथै[18]वासाविष्टस्यार्थस्य साधकः ।
तथतालक्षणा बोधिः सो ऽपि [19]तल्लक्षणो मतः ॥ ५७ ॥

---

1 C. धर्मार्थं. 2 A. लीगानि. 3 C. दृघ्मार्गस्थिस्य.
4 C. विमत्त (sic!). 5 B. समोरापायवादान्तमु°, A. समारोपापवादान्तमु°,
C. समारोपपावादान्तमु°. 6 B. °तुलननिध्या°. 7 C. °मत्र:.
8 C. निर्वेधाङ्गेप्रदड्मार्गे. 9. A. प्रावकत्वादि°, B. प्रारन्धि°.
10 B. °दिष्टासौ. 11 C. नववा. 12 A. पुनस्मृद्धापि° (?).
13 A. असङ्ख्यापादि°, B. असंख्यपादि°. 14 C. रक्षमः (sic!).
15 C. °निष्पन्न°. 16 A. °वृद्धि पूर्यंते, C. हानिवृद्धिनुपूद्यते (sic!).
17 A. omits. 18 B. तथावासा°. 19 A. सोपि तल्लक्षणो, C. सोपिछाक्षणो.

पूर्वेण बोधिर्नो[1] युक्ता गमता पश्चिमेन वा ।
दीपदृष्टान्तयोगेन गम्भीरा धर्मताष्टधा ॥ ५८ ॥

उत्पादे च निरोधे च तथतायां[2] गभीरता ।
ज्ञेये ज्ञाने च[3] चर्यायामद्वयोपायकौशले ॥ ५९ ॥

स्वप्नोपमत्वाद्धर्माणां भवशान्त्योरकल्पना[4] ।
कर्माभावादिचोद्यानां[5] परिहारो[6] यथोदितः ॥ ६० ॥

[7]सत्त्वलोकस्य या ऽशुद्धिस्तस्याः [8]शुद्ध्युपहारतः ।
तथा भाजनलोकस्य बुद्धक्षेत्रस्य शुद्धता ॥ ६१ ॥

विषयो ऽस्य प्रयोगश्च शा[9]त्रवाणामतिक्रमः ।
अप्रतिष्ठा यथावेधमसाधारणलक्षणाः ॥ ६२ ॥

असक्तो ऽनुपलम्भश्च निमित्तप्रणिधिक्षतः ।
[10]तल्लिङ्गं चाप्रमाणं च दशधोपायकौशलम् ॥ ६३ ॥

अभिसमयालङ्कारे प्रज्ञापारमितोपदेशशास्त्रे सर्वाकाराभिसंबोधाधिकारश्चतुर्थः ॥

---

1 A. नीमूक्ता (?), B. नीमुक्ता, C. °र्नोयुक्ता. 2 A. तथातायां°.

3 A. omits च. 4 C. सात्यो च कल्पना. 5 C. चोध्यानां.

6 A. परिह्लाएयशोदितः, B. पारह्लारायशोदिताः, C. परिह्लारा या बोधिताः.

7 A. यत्तलोक°. 8 A. शुद्ध्यपत्रारतः or °पडारतः, C. स्तद्युरह्लारताः (sic!).

9 C. गात्रवाणाम°. 10 A. B. तल्लिङ्गश्चाप्र°.

स्वप्नान्तरे ऽपि स्वप्नाभ[1]सर्वधर्मेक्षणादिकम् ।
मूर्द्ध प्राप्तस्य योगस्य लिङ्गं द्वादशधा मतम् ॥ १ ॥

जम्बुद्वीपजने[2]यत्ताबुद्धपूजा[3]शुभादिकम् ।
उपमां बहुधा कृत्वा विवृद्धिः षोडशात्मिका ॥ २ ॥

त्रिसर्वज्ञत्वधर्माणां [4]परिपूरिरनुत्तरा ।
अपरित्यक्त[5]सत्त्वार्था निष्ठिरभिधीयते ॥ ३ ॥

चतुर्द्वीपकसाहस्रद्वित्रिसाहस्रकोपमाः ।
कृत्वा पुण्यबहुत्वेन समाधिः परिकीर्त्तितः ॥ ४ ॥

प्रवृत्तौ च [6]निवृत्तौ च [7]प्रत्येकं तौ [8]नवात्मकौ ।
ग्राह्यौ विकल्पौ विज्ञेयावयथाविषयात्मकौ ॥ ५ ॥

द्रव्यप्रज्ञप्त्यात्मत्वे विकल्पौ ग्राहकौ मतौ ।
पृथग्जनार्यभेदेन प्रत्येकं तौ नवात्मकौ ॥ ६ ॥

ग्राह्यौ [9]चेन्न तथा स्तो ऽर्थौ कस्य तौ [10]ग्राहकौ मतौ ।
इति ग्राहकभावेन शून्यता लक्षणं तयोः ॥ ७ ॥

एष स्वभावे गोत्रे[11] च प्रतिपत्समुदागमे ।
ज्ञानस्यालम्बनाभ्रान्तौ [12]विपक्षप्रतिपक्षयोः ॥ ८ ॥

---

1 B. स्वप्नेभ°, C. स्वप्नाभा°. 2 C. °पत्तो. 3 B. C. °पूजां.
4 C. परिरनुत्तरा. 5 C. °सर्वार्था. 6 B. repeats निवृत्तौ च twice.
7 C. प्रतिकं. 8 C. नैवात्मकौ (sic!). 9 A. चेन्न (sic!).
10 C. ग्राह्यौ मता. 11 A. omits all that follows गोत्रे up to ऽधिगमस्य v. 10.
12 C. प्रतिपक्षविपक्षयोः.

स्वस्मिन्नधिगमे कर्तृतत्कारित्र[1]क्रियाफले ।
प्रवृत्तिपक्षाधिष्ठानो विकल्पो नवधा मतः ॥ ९ ॥

भवशान्तिप्रपातित्वात् न्यूनत्वे ऽधिगमस्य च ।
परिग्रहस्याभावे च वैकल्ये प्रतिपं गते ॥ १० ॥

परप्रत्ययगामित्वे समुद्देशे[2] ऽन्यवर्तने[3] ।
[4]प्रादेशिकत्वे नानात्वे स्थानप्रस्थानमोहयोः ॥ ११ ॥

पृष्ठतो गमने चेति विकल्पो ऽयं नवात्मकः ।
निवृत्ति[5]पक्षाधिष्ठानः[6] श्रावकादि[7]मनोभवः ॥ १२ ॥

ग्राह्यः प्रथमो ज्ञेयो ग्रहणप्रतियोगतो ।
[8]मनस्क्रियायां धातूनामुपलम्भे त्रयस्य च ॥ १३ ॥

स्थाने[9] चाभिनिवेशे च प्र[10]ज्ञप्तौ धर्मवस्तुनः ।
[11]सक्तौ च प्रतिपक्षे च [12]यथेच्छं च गतिच्युतौ ॥ १४ ॥

[13]यथोद्देशमनिर्याणे[14] मार्गामार्गावधारणे ।
सनिरोधे समुत्पादे वस्तुयोगवियोगयोः ॥ १५ ॥

स्थाने गोत्र[15]स्य नाशे च प्रार्थनाहेत्वभावयोः[16] ।
प्रत्यर्थिकोपलम्भे च विकल्पो ग्राह्यको ऽपरः ॥ १६ ॥

---

1 B. तत्कारित्र°, C. तत्कारित्रात्व. 2 B. C. समुद्देशनि°. 3 A. °वर्तनेः, C. °वर्तने. 4 C. प्रादेशकत्वेननानातुष्टान° (sic!), A. B. अदेशिकत्वे. 5 A. निवृत्ती°. 6 A. °धिस्थानः. 7 A. °यनोभवः. 8 A. मनस्क्रिया°, C. मनस्क्रियायां च धातूनां. 9 A. स्थानेना°, B. स्थाने वा. 10 A. °ज्ञप्ती. 11 A. B. C. शक्तौ. 12 C. यथेच्छे. 13 A. यथादेश°. 14 B. omits. A. °निर्याणे ऽमार्गा°. 15 C. गोत्रस्य नी ॥ 16 A. omits; C. प्रार्थनाहेतुभावयो.

बोधौ संदर्शना[1]न्येषां तद्धेतोश्च परीन्दना ।
तत्प्राप्त्यनन्तरो हेतुः पुण्यत्राकृत्यलक्षणः ॥ १७ ॥

क्षयानुत्पा[2]दयोर्ज्ञानं[3] मलानां बोधिरुच्यते ।
[4]क्षयाभावादनुत्पादात्ते हि ज्ञेये यथाक्रमम् ॥ १८ ॥

प्रकृतावनिरुद्धायां दर्शनाख्येन वर्त्मना ।
[5]विकल्पजातं किं क्षीणं किं [6]चानुत्पत्तिमागतम्[7] ॥ १९ ॥

[8]सत्ता च नाम धर्माणां ज्ञेये वावरणक्षयः ।
कथ्यते पर्[9]परैः शास्तुरत्र विस्मीयते मया ॥ २० ॥

नापनेयमतः किंचित्[10]प्रक्षेप्तव्यं न किं[11]चन ।
[12]द्रष्टव्यं भूततो भूतं भूतदर्शी विमुच्यते ॥ २१ ॥

एकैकस्मैव दानादौ तेषां यः संग्रहो मिथः ।
स एकक्षणिक[13]क्षान्तिसंगृहीतो ऽत्र [14]दृक्पथः ॥ २२ ॥

[15]समाधिं स समापद्य ततः सिंहविजृम्भितम् ।
अनुलोमविलोमं च प्रतीत्योत्पादमीक्षते ॥ २३ ॥

---

1 B. °दर्शनाह्वेयषा°, A. °दर्शनाख्येया. 2 A. omits. 3 A. B. C. ज्ञानं.
4 C. क्षयाभावानुत्पादात्ते (sic!). 5 C. omits. 6 A. वानुत्प°.
7 B. °मागमं. 8 A. सत्वाचनाम° or ? सभावनाम°, B. C. सत्वाचनाम°.
9 B. °त्पुरैः. 10 A. °त्प्रक्षेप्त°, B. °त्प्रक्षप्त°. 11 A. °व्यञ्चकिंचि,
C. °व्यञ्चकिंचना. 12 A. B. द्रष्ट्वव्यं, C. दुष्टव्यं. 13 A. B. °कः.
14 C. दृक्षथः. 15 C. समाधिसमापद्यतासिंहविक्षिम्भितं (sic!).

कामाप्तमवधीकृत्य विज्ञानमसमाहितम्[1] ।
[2]सनिरोधाः समापत्तीर्गत्वागम्य नव द्विधा ॥ २४ ॥

एकद्वित्रिचतुष्पञ्चषट्सप्ताष्टव्यतिक्रमात् ।
[3]अवस्कन्दसमापत्तिरानिरोधमतुल्यगा ॥ २५ ॥

[4]संक्षेपे विस्तरे बुद्धेः [5]सानाथ्येनापरिग्रहे ।
त्रैकालिके गुणाभावे श्रेयसास्त्रावधे पथि ॥ २६ ॥

एको ग्राह्यविकल्पो ऽयं प्रयोगाकारगोचरः ।
द्वितीयश्चित्तचैत्तानां प्रवृत्तिविषयो मतः[6] ॥ २७ ॥

अनुत्पादस्तु चित्तस्य बोधिमण्डामनस्क्रिया ।
हीनयानमनस्कारो संबोधेर्[7]मनस्कृतिः ॥ २८ ॥

भावने ऽभावने चैव तद्विपर्यय एव च ।
अयथार्थश्च[8] विज्ञेयो विकल्पो[9] भावनापथे ॥ २९ ॥

ग्राहकः प्रथमो[10] ज्ञेयः [11]सत्त्वप्रज्ञप्तिगोचरः ।
धर्मप्रज्ञप्त्यशून्यत्वे सन्तिप्रविचया[12]त्मकः ॥ ३० ॥

---

1 A. °हित ॥. 2 C. सनिरोधः. 3 C. अवस्कान्ध°.
4 A. संक्षेपे स्तिरे (?). 5 C. सानार्थ्येनापरिग्रहे. 6 A. B. गतः.
7 A. संबोधेनमन°. 8 A. अयथात्वश्च निज्ञेया, B. अयत्रार्थाश्च विज्ञेया,
C. अविवार्थश्च. 9 B. विकल्पौ. 10 A. B. प्रथमा. 11 B. सत्यप्र°.
12 A. सन्तिषुवियगात्मकः, B. सन्तिषुत्रिषचगात्मकः, C. धर्मप्राप्त्यशून्यसन्तप्रविच-
यात्मकः.

कृतेन वस्तुनो यानत्रितये[1] च स कीर्तितः ।
[2]दक्षिणाया अशुद्धौ च चर्यायाश्च विकोपने[3] ॥ ३१ ॥

सत्त्वप्रज्ञप्तितद्धेतुविषयो[4] नवधा ऽपरः ।
भावनामार्गसंबद्धो विपक्षस्तद्विघाततः[5] ॥ ३२ ॥

सर्वज्ञतानां तिसृणां[6] यथास्वं त्रिविधावृतौ ।
शान्तिमार्गतथतादि[7]संप्रयोग[8]वियोगयोः ॥ ३३ ॥

असमत्वे च दुःखादौ क्लेशानां प्रकृतावपि ।
[9]द्वयाभावे च संमोहे विकल्पः पाश्चमो मतः ॥ ३४ ॥

[10]आसां तमे मतीतोना चिरायोच्छ्वसिता[11] इव ।
सर्वाकार[12]ज्ञगतसौख्यसाधना गुणासंपदः ॥ ३५ ॥

[13]सर्वाः सर्वाभिसारेण निरवाभफल[14]शालिनम् ।
भजन्ते तं[15] महासत्त्वं महोदधिमिवापगाः ॥ ३६ ॥

त्रिसाहस्रजनं शिष्यखड्गाधिगम[16]संपदि ।
बोधिसत्त्वस्य च न्यामे[17] प्रतिष्ठाप्यशुभोपमाः ॥ ३७ ॥

---

1 B. °त्रितयेव (sic!), C. °त्रितये संकीर्तिता. 2 A. ददक्षिणा, C. दक्षणाया. 3 A. विकोपनं, B. विकोपन. 4 A. B. विषयानवधापरः. 5 A. विघातगः, B. विघाततः. 6 B. तिसृणा, C. omits. 7 A. B. °तथातादि. 8 C. संप्रयोगयोः. 9 B. दयाभावे. 10 A. आशांतमे मर्तानीनां, B. आसांतमे मतीतीनां. 11 A. B. चिरायोच्छ्वसिता, C. निपायोच्छ्वसिता (sic!). 12 A. °ज्ञगस्सौख्य°, C. सर्वाकारान्नगतसौख्य°. 13 A. सर्वामर्वा°. 14 A. B. सालिनं, C. शालिना. 15 A. त्वं, C. तमाह ॥ सत्त्वमहोदधिमित्रागरा. 16 C. °धिगमम्पदि. 17 A. B. न्यामे.

कृत्वा पुण्यत्रकृत्वेन बुद्धत्वाप्तेरनन्तरः[1] ।
आनन्तर्यसमाधिः स सर्वाकारज्ञता च तत् ॥ ३८ ॥

आलम्बनमभावो ऽस्य स्मृतिश्चाधिपतिर्मतः ।
आकारः शान्तता[2] चात्र जल्पाज्जल्पिप्रवादिनाम् ॥ ३९ ॥

आलम्बनोपपत्ती च तत्स्वभावावधारणे[3] ।
सर्वाकारज्ञताज्ञाने[4] परमार्थे ससंवृत्तौ ॥ ४० ॥

प्रयोगे त्रिषु रत्नेषु सोपाये[5] समये मुनेः ।
विपर्यासे समार्गे च प्रतिपत्तविपत्तयोः ॥ ४१ ॥

लक्षणे भावनायां च मता विप्रतिपत्तयः ।
सर्वाकारज्ञताधाराः[6] षोढा दश च वादिनाम् ॥ ४२ ॥

अभिसमयालङ्कारे प्रज्ञापारमितोपदेशशास्त्रे मूर्द्धाभिसमयाधिकारः पञ्चमः

दानेन प्रज्ञया यावद्बुद्धादौ स्मृतिभिश्च सा ।
धर्माभावस्वभावेनेत्यनुपूर्वक्रिया मता[7] ॥ १ ॥

अभिसमयालङ्कारे प्रज्ञापारमितोपदेशशास्त्रे ऽनुपूर्वाभिसमयाधिकारः षष्ठः

1 A. B. °त्वाप्तरन°, C. बुद्धताप्तेरनन्तरः. 2 A. शान्तवात्र ज°, C. omits. 3 A. °भावोवधारणे. 4 C. °ज्ञानेन. 5 B. सापाये. 6 C. °धीराः. 7 C. omits.

अनास्रवाणां[1] सर्वेषामेकैकेनापि[2] संग्रहात्[3] ।
[4]एकक्षणावबोधो ऽयं [5]ज्ञेयो दानादिना मुनेः[6] ॥ १ ॥

[7]अरघट्ट पथैकापि पदिका पुरुषेरिता ।
[8]सकृत्सर्वं चालयति ज्ञानमेकक्षणे तथा ॥ २ ॥

विपाकधर्मतावस्था सर्वशुक्लमयी यदा ।
प्रज्ञापारमिता जाता ज्ञानमेकक्षणे तदा[9] ॥ ३ ॥

[10]स्वप्नोपमेषु धर्मेषु स्थित्वा दानादिचर्यया ।
अलक्षणत्वं धर्माणां क्षणेनैकेन विन्दति[11] ॥ ४ ॥

[12]स्वप्नं तद्दर्शनं चैवं[13] द्वययोगेन नेक्षते ।
[14]धर्माणामद्वयं तत्त्वं क्षणेनैकेन पश्यति ॥ ५ ॥

अभिसमयालङ्कारे प्रज्ञापारमितोपदेशशास्त्रे एकक्षणाभिसमयाधिकारः सप्तमः ॥

[15]सर्वाकारां विशुद्धिं ये धर्माः प्राप्ता निरास्रवाः ।
स्वाभाविको मुनेः कायस्[16]तेषां प्रकृतिलक्षणः[17] ॥ १ ॥

---

1 A. B. नास्रवा°, C. अनाप्रवाणां. 2 A. B. सर्वेषामे° (sic!), C. सर्वषाम°.
3 A. °ग्रहा. 4 C. एकक्षणा च संबोधयं. 5 B. ज्ञपा sic.
6 A. B. omit. : 7 A. अरघटं, B. अरघट्टं, C. अरघट्ट.
8 C. सतं संवचलपति. 9 A. B. तथा. 10 C. स्वप्नोपमेषु सर्वधर्मेषु.
11 A. विदति. 12 A. स्वप्नंत°. 13 A. चैव, B. चेव.
14 A. धर्माणाम°. 15 C. सर्वाकारविशुद्धिं. 16 A. °स्तेषा.
17 A. °लक्षणाः, C. प्रकृत्यलक्षणाः.

बोधिपक्षाप्रमाणानि विमोक्षा[1] अनुपूर्वशः ।
नवात्मिका समापत्तिः कृत्स्नं[2] दशविधात्मकम् ॥ २ ॥

अभिभ्वा[3]यतनान्यष्ट[4]प्रकाराणि प्रभेदतः ।
अरणा प्रणिधिज्ञानम[5]भिज्ञाः प्रतिसंविदः[6] ॥ ३ ॥

सर्वाकाराश्चतस्रो ऽथ शुद्धयो[7] वशिता[8] दश ।
बलानि[9] दश चत्वारि[10] वैशारद्यान्यरक्षणम्[11] ॥ ४ ॥

त्रिविधं स्मृत्युपस्थानं त्रिधासम्मोषधर्मता ।
वासनायाः समुद्घातो[12] महती करुणा जने ॥ ५ ॥

आवेणिका मुनेरेव धर्मा ये ऽष्टादशेरिताः ।
सर्वाकारज्ञता चेति धर्मकायो ऽभिधीयते ॥ ६ ॥

श्रावकस्यारणादृष्टेर्नृक्लेश[13]परिहारिता ।
तत्क्लेशस्रोतउच्छित्त्यै ग्रामादिषु जिनारणा ॥ ७ ॥

अनाभोगमनाभङ्गमव्याघातं सदा स्थितम् ।
सर्वप्रश्नापनुद्बोद्धं[14] प्रणिधिज्ञानमिष्यते[15] ॥ ८ ॥

---

1 C. धिमोक्षा अनुपूर्वणः. 2 A. कृष्णात्स्वन्दशवि°, C. कृत्स्नंदेशवि°. 3 A. B. अभिद्वाय°, C. अभिवाय°. 4 B. °पतनाग्य°, A. °पतनाग्यष्ठ°, C. °पतनान्यस्त. 5 A. °ज्ञानंम°. 6 C. प्रतिसंविधाः. 7 A. शुद्धये. 8 C. वशिता. 9 A. B. omit बलानि दश. 10 A. त्वारि. 11 A. B. वैशारद्याग्यलक्षणं, C. वैशारद्यान्यरक्षणं. 12 C. समुग्धातो. 13 C. दृष्टेतत्क्लेशपरिपरिहारेता (sic!). 14 A. °पनुद्वोढं, B. °पनुद्धोढं, C. °गेनुद्वोढं (sic!). 15 A. प्रणाधि°.

परिपाकं गते हेतौ यस्य यस्य यदा यदा ।
हितं भवति कर्तव्यं प्र[1]धते तस्य तस्य सः ॥ ९ ॥

[2]वर्षत्यपि हि पर्जन्ये[3] नैवाबीजं[4] प्र[5]रोहति ।
[6]समुत्पादे ऽपि बुद्धानां नाभव्यो भद्रमश्नुते ॥ १० ॥

इति कारित्रवैपुल्याद्बुद्धो व्यापी निरुच्यते ।
अक्षयत्वाच्च तस्यैव नित्य इत्यपि क[7]थ्यते ॥ ११ ॥

द्वात्रिंशल्लक्षणाशीतिव्यञ्जनात्मा मुनेरयम् ।
साम्भोगिको म[8]तः कायो महायानोपभोगतः ॥ १२ ॥

चक्राङ्कहस्तक्रमकूर्मपादो ।
जालावनद्धाङ्गुलिपाणिपा[9]दः ।
करौ सपादौ तरुणौ मृ[10]दू च ।
समुत्सदेः सप्तभिराश्रयो ऽस्य ॥ १३ ॥

दीर्घाङ्गुलिर्व्यायतपा[11]र्ष्णिरार्, गा[12]त्रम् ।
प्र[13]ाद्यमृजूच्छङ्खपदोर्ध्वरो[14]मा ।
ऐ[15]णेयजङ्घश्च प[16]टूरुबाहुः ।
को[17]शावधानोत्तमवस्तिगुह्यः ॥ १४ ॥

---

1 C. प्रते. 2 C. धर्मत्यपि हि (sic!). 3 A. पजन्य (sic!), C. पर्गन्य. 4 A. B. नैवाजीवं. 5 C. विरोहति. 6 A. B. समुत्पादे विबुद्धानां. 7 A. काध्यतेः. 8 C. मताः. 9 A. B. °पादकः. 10 B. मृडु च, C. मृडुः व (sic!). 11 A. पार्ष्णि° (sic!). 12 B. °यात्रं. 13 A. प्राङ्कमृजु°, C. प्रात्तंराद्दृल्ह° (?). 14 A. °खपदोद्धरागा, C. °खपदोर्द्धरोमा. 15 एणेग. 16 A. पटुरुद्धबाहुः, C. पटुकाबाङ्गः. 17 A. B. कोशावधानो°.

सुवर्णवर्णाः प्रतनुच्छ[1]विश्च ।
प्रदक्षिणैकैकसुजातरोमा ।
[2]ऊर्णाङ्कितास्यो हरिपूर्वकायः ।
स्कन्धौ वृत्तावस्य चितान्तरांसः[3] ॥ १५ ॥

हीनो रसः ख्याति रसोत्तमोऽस्य ।
न्यग्रोध[4]वन्मण्डलतुल्यमूर्तिः ।
उष्णीषमूर्द्धा पृथुचारुजिह्वो ।
ब्रह्मस्वरः सिंहहनु[5]श्च, शुक्लाः ॥ १६ ॥

तुल्याप्रमाणाविरलाश्च दन्ता ।
[6]अन्यूनसंख्या [7]दशिकाश्चतस्रः ।
[8]नीलेक्षणो [9]गोवृषपक्ष्मनेत्रो ।
द्वात्रिंशदेतानि हि लक्षणानि ॥ १७ ॥

यस्य यस्यात्र यो हेतुर्लक्षणस्य [10]प्रसाधकः ।
तस्य तस्य प्र[11]पूर्यायं समुदागमलक्षणः ॥ १८ ॥

[12]गुरूणामनुयानादि दृढता संवरं प्रति ।
संग्रहो सेवनं दानं प्रणीतस्य च वस्तुनः ॥ १९ ॥

---

1 A. प्रतिमनुच्छवि°. 2 A. ऊर्णोकि°. 3 A. °रांसः, B. °रांशः. 4 A. न्यग्रोधमन्मण्ड°, B. न्यग्रोवन्मण्ड° (sic!), C. न्यग्राधवन्म°. 5 A. °हनुः, B. °हनु°. 6 B. अन्युन°, C. ऽन्त्यनुसंख्या. 7 A. B. दसिका°, C. दाश्वका°. 8 A. नीलक्षणो, C. नीलेक्ष. 9 B. गेवृष (sic!), C. गावृष. 10 C. प्रसादतः. 11 A. B. प्रपूर्य्यार्य्यं. 12 B. गुरूणामन्नपानादि, C. गुरूणागुनगानार्द्दढता.

वंध्यगोतः[1] समादानं विवृद्धिः कुशलस्य च ।
इत्यादिको यथासूत्रं हेतुर्लक्षणसाधकः ॥ २० ॥

ताम्रस्निग्धाश्च[2] तुङ्गाश्च नखा अङ्गुलयो मुनेः ।
वृत्ताश्चितानुपूर्वाश्च गूढा[3] निर्ग्रन्थयः[4] शिराः ॥ २१ ॥

गूढौ[5] गुल्फौ[6] समौ पादौ सिंहेभद्विजगोपतेः ।
विक्रान्तं दक्षिणं चारु गमनमृजु वर्तते[7] ॥ २२ ॥

मृष्टानुपूर्वते[8] मेध्यमृदुत्वे[9] शुद्धगात्रता ।
पूर्णव्यञ्जनता[10] चारुपृथुमण्डलगात्रता ॥ २३ ॥

समक्रमत्वं शुद्धत्वं[11] नेत्रयोः सुकुमारता[12] ।
अदीनोत्सदगात्रत्वे सुसंहतनगात्रता ॥ २४ ॥

सुविभक्ताङ्गता ध्वान्तप्रध्वस्तालोकशुद्धता ।
वृत्तमृष्टाक्षतक्षामकुक्षिता च, गभीरता ॥ २५ ॥

दक्षिणावर्तता नाभेः समन्तादर्शनीयता[13] ।
समाचारः शुचिः कालतिलकापगता तनुः ॥ २६ ॥

करौ तूलमृदू स्निग्धगम्भीरायतलेखता ।
नात्यायतं वचो बिम्बप्रतिबिम्बोपमौष्ठता[14][15] ॥ २७ ॥

---

1 A. वेध्य (?), B. वध्य. 2 A. B. स्निग्धाश्च. 3 A. गुढ°.
4 A. B. निग्रन्क्रयः. 5 A. C. गूढे. 6 A. गुल्फे, B. C. गुल्फा.
7 A. B. वृत्तते, C. ऋतुं वर्त्तते. 8 A. B. मृष्ट. 9 A. मध्य.
10 A. व्यञ्जता. 11 C. omits. 12 A. नेत्रयोशुक्रमारता, B. सुक्रमारता.
13 A. C. समन्तादर्श°. 14 C. omits. 15 A. °मोष्ठता.

मृद्वी तन्वी च रक्ता च जिह्वा जीमूतघोषता[1] ।
चारुमञ्जुस्वरो,[2] दंष्ट्रा[3] वृत्तास्तीक्ष्णाः सिताः समाः ॥ २८ ॥

आनुपूर्व्या[4] गतास्तुङ्गा नासिका परमं शुचिः ।
विशाले नयने [5]पक्ष्मचितपद्मदलो[6]त्तिता ॥ २९ ॥

[7]आयतश्लक्ष्णसुस्निग्धसमरोमौ[8] भ्रुवौ[9] शुभ्रौ[10] ।
पीनायतौ[11] समौ कर्णावुपघात[12]विवर्जितौ[13] ॥ ३० ॥

[14]ललाटमपरिम्लानं पृथु पूर्णोत्तमाङ्गता[15] ।
[16]भ्रमराभाश्रिता [17]श्लक्ष्णा असंलुलितमूर्तयः[18] ॥ ३१ ॥

केशा अपरुषाः पुंसां [19]सौरभ्यादपहारिणः ।
श्रीवत्सः स्वस्तिकं चेति बुद्धानां व्यञ्जनं मतम्[20] ॥ ३२ ॥

करोति येन चित्राणि[21] हितानि जगतः समम् ।
[22]आभवात्सो ऽनुपच्छिन्नः कायो [23]नैर्माणिको मुनेः ॥ ३३ ॥

---

1 A. °ता. 2 A. °मञ्जु°. 3 A. दृष्ट्रा, C. दृष्टः.
4 A. °पूर्वागतास्तुंग°. 5 A. पत्म°, C. पत्तचित°. 6 A. °दलात्तता.
7 A. B. °क्ष्णामस्निग्ध°, C. °क्ष्णासस्निग्ध°. 8 A. समरोष्णौ (?), B. समरोष्टौ,
C. समरौम्नौ. 9 A. भुवौ, B. भूवौ. 10 A. शुभ्रौ. 11 A. B. पीनापतौ.
12 A. °वुदघात°, C. °वुपघ्यात°. 13 A. omits.
14 A. B. ललाटमपरिग्लानं. 15 A. °मागता. 16 A. भ्रमराशिता,
B. भ्रमराशिताश्ल°, C. भ्रमराभावाश्रिताः. 17 A. श्रिता. 18 A. लुल्लितमू°,
C. °लुत्रितमूर्त्तयाः (sic!). 19 C. सौरभ्यापहारिणा. 20 A. B. मतिं.
21 A. B. चित्तानि. 22 A. आभवा सो, B. आभवात्सोनुपच्छन्नः.
23 A. नैमाणिनतो (sic!), B. नैर्य्याणिका.

तथा कर्माप्यनुच्छिन्नमस्यासंसारमिष्यते ।
गतीनां[1] शमने कर्म संग्रहे च चतुर्विधे ॥ ३४ ॥

निवेशने[2] ससंक्लेशे व्यवदानावबोधने[3] ।
सत्त्वानामर्थयाथात्म्ये[4] षट्सु पारमितासु च ॥ ३५ ॥

बुद्धमार्गे प्रकृत्यैव शून्यतायां द्वयक्षये[5] ।
संकेते ऽनुपलम्भे च परिपाके[6] च देहिनाम् ॥ ३६ ॥

[7]बोधिसत्त्वस्य मार्गे [8]ऽभिनिवेशस्य निवारणे ।
बोधिप्राप्तौ जिनक्षेत्रे[9] विशुद्धौ नियतिं प्रति ॥ ३७ ॥

अप्रमेये च सत्त्वार्थे बुद्धसेवादिके[10] गुणे[11] ।
बोधेरङ्गेष्वनाशे[12] च कर्मणां सत्यदर्शने[13] ॥ ३८ ॥

विपर्यासप्रहाणे च तदवस्तुकतानये ।
व्यवदाने[14] ससंभारे संस्कृतासंस्कृते[15] प्रति ॥ ३९ ॥

[16]व्यतिभेदापरिज्ञाने निर्वाणे च निवेशने ।
धर्मकायस्य कर्मेदं[17] सप्तविंशतिधा मतम् ॥ ४० ॥

अभिसमयालङ्कारे प्रज्ञापारमितोपदेशशास्त्रे धर्मकायाधिकारो ऽष्टमः

---

1 A. B. मतीसाशनेन, C. गतेनाशमनंकार्म. 2 B. निवेशनमसंक्लोश, C. निवेशणां संक्लेशे. 3 A. °बोधना, C. व्यवधानाव्बोधने. 4 A. °याथात्स्ये, B. °याथात्म्ये, C. याथात्मेषु. 5 A. °क्षयं. 6 C. परिपाचके च. 7 A. बोधिसत्त्वस्य मार्गे. 8 C. ऽभिनिवेशय. 9 A. °क्षत्रे. 10 C. सेवादिके. 11 B. तुणे. 12 C. नासे. 13 A. °दर्शनं. 14 A. B. समस्तारे. 15 A. B. मन्दतासंस्कृते. 16 C. व्युतिभे°. 17 B. omits.

अभिसमयालङ्कारः

लक्षणं [1] तत्प्रयोगस्तत्प्रकर्षस्तदनुक्रमः ।
तन्निष्ठा [2] तद्विपाकश्चेत्यन्यः [3] षोढार्थसंग्रहः ॥ १ ॥

विषय[4]स्त्रितयो हेतुः [5] प्रयोगश्चतुरात्मकः ।
धर्मकायफलं [6] कर्म [7] अन्यस्त्रेधार्थसंग्रहः ॥ २ ॥

अभिसमयालङ्कारं नाम प्रज्ञापारमितोपदेशशास्त्रं समाप्तम् ॥
कृतिरार्यमैत्रेयनाथस्य ॥

---

1 A. repeats तत्प्रयोगस्त° twice, C. तत्प्रयोगतत्प्रकर्ष°.

2 A. B. तद्गमाकश्चे°. 3 A. पाशेर्थसग्रहः, B. षोशेर्थसग्रहः, C. बोधार्थसंग्रहः. 4 B. °स्त्रितयो हेतुः. 5 A. प्रयोगेश्च, B. प्रयोगश्च°, C. प्रयोगश्चरात्मकः. 6 A. कर्मः, B. कर्म. 7 A. B. अनास्त्रेधार्थसग्रहः (sic!), C. °त्यनुस्त्रेधार्थ°.

རྒྱ་གར་སྐད་དུ། ཨ་བྷི་ས་མ་ཡ་ཨ་ལ་ངྐཱ་ར་ནཱ་མ་པྲ་ཛྙཱ་པཱ་ར་མི་ཏཱ་ཨུ་པ་དེ་ཤ་ཤཱ་སྟྲ།།

བོད་སྐད་དུ། ཤེས་རབ་ཀྱི་ཕ་རོལ་ཏུ་ཕྱིན་པའི་མན་ངག་གི་བསྟན་བཅོས་མངོན་པར་རྟོགས་པའི་རྒྱན་ཅེས་བྱ་བ།།

སངས་རྒྱས་དང་བྱང་ཆུབ་སེམས་དཔའ་ཐམས་ཅད་ལ་ཕྱག་འཚལ་ལོ།།

ཉན་ཐོས་ཞི་བ་ཚོལ་རྣམས་ཀུན་ཤེས་ཉིད་ཀྱིས་ཉེར་ཞིར་ཁྲིད་མཛད་གང་ཡིན་དང་།

འགྲོ་ལ་ཕན་པར་བྱེད་རྣམས་ལམ་ཤེས་ཉིད་ཀྱིས་འཇིག་རྟེན་དོན་སྒྲུབ་མཛད་པ་གང་།

གང་དང་ཡང་དག་ལྡན་པས་ཐུབ་རྣམས་རྣམ་པ་ཀུན་ལྡན་སྣ་ཚོགས་འདི་གསུངས་པ།

ཉན་ཐོས་བྱང་ཆུབ་སེམས་དཔའི་ཚོགས་བཅས་སངས་རྒྱས་ཀྱི་ནི་ཡུམ་དེ་ལ་ཕྱག་འཚལ།།

མངོན་རྟོགས་རྒྱན།

རྣམ་པ་ཐམས་ཅད་མཁྱེན་ཉིད་ལམ།
སྟོན་པས་འདི་ལས་བཤད་པ་གང་།
གཞན་གྱིས་མྱོང་བ་མ་ཡིན་དེ།
ཆོས་སྤྱོད་བཅུ་ཡི་བདག་ཉིད་ཀྱི༎ ༡ ༎

མདོ་དོན་དྲན་པ་ལ་བཞག་ནས།
བློ་དང་ལྡན་པས་མཐོང་འགྱུར་ཕྱིར།
བདེ་བླག་ཏུ་ནི་རྟོགས་པ་ཞེས།
བྱ་བ་བརྩམ་པའི་དགོས་པ་ཡིན༎ ༢ ༎

ཤེས་རབ་ཕ་རོལ་ཕྱིན་པ་ནི།
དངོས་པོ་བརྒྱད་ཀྱིས་ཡང་དག་བཤད།
རྣམ་ཀུན་མཁྱེན་ཉིད་ལམ་ཤེས་ཉིད།
དེ་ནས་ཐམས་ཅད་ཤེས་པ་ཉིད༎ ༣ ༎

རྣམ་ཀུན་མངོན་རྫོགས་རྟོགས་པ་དང་།
རྩེ་མོར་ཕྱིན་དང་མཐར་གྱིས་པ།
སྐད་ཅིག་གཅིག་མངོན་རྫོགས་བྱང་ཆུབ།
ཆོས་ཀྱི་སྐུ་དང་དེ་རྣམས་བརྒྱད༎ ༤ ༎

སེམས་བསྐྱེད་པ་དང་གདམས་ངག་དང་།
ངེས་འབྱེད་ཡན་ལག་རྣམ་བཞི་དང་།
སྒྲུབ་པ་ཡི་ནི་རྟེན་གྱུར་པ།
ཆོས་ཀྱི་དབྱིངས་ཀྱི་རང་བཞིན་དང་། ༥ ༎

དམིགས་པ་དག་དང་ཆེད་དང་ནི།
གོ་ཆ་འཇུག་པའི་བྱ་བ་དང་།
ཚོགས་དེ་ངེས་པར་འབྱུང་བཅས་རྣམས།
ཐུབ་པའི་རྣམ་ཀུན་མཁྱེན་པ་ཉིད། ༦ ༎

མོག་མོག་པོར་བྱེད་ལ་སོགས་དང་།
སློབ་མ་བསེ་རུའི་ལམ་གང་དང་།
འདི་དག་གཞན་པའི་ཡོན་ཏན་གྱིས།
ཕན་ཡོན་ཆེ་བ་མཐོང་བའི་ལམ། ༧ ༎

བྱེད་པ་དང་ནི་མོས་པ་དང་།
བསྟོད་དང་བཀུར་དང་བསྔགས་པ་དང་།
བསྔོ་དང་རྗེས་སུ་ཡི་རང་བ།
ཡིད་ལ་བྱེད་པ་བླ་མེད་དག། ༨ ༎

[illegible]
བྱ་བ་འདི་ནི་སྒོམ་པའི་ལམ།
བྱང་ཆུབ་སེམས་དཔའ་མཁས་རྣམས་ཀྱི།
ལམ་ཤེས་ཉིད་ནི་དེ་འདྲར་བཤད॥ ༩ ॥

ཤེས་པས་སྲིད་ལ་མི་གནས་ཤིང་།
སྙིང་རྗེས་ཞི་ལ་མི་གནས་དང་།
ཐབས་མ་ཡིན་པས་རིང་བ་དང་།
ཐབས་ཀྱིས་རིང་བ་མ་ཡིན་ཉིད॥ ༡༠ ॥

མི་མཐུན་གཉེན་པོའི་ཕྱོགས་དག་དང་།
སྦྱོར་དང་དེ་ཡི་མཉམ་ཉིད་དང་།
ཉན་ཐོས་ལ་སོགས་མཐོང་བའི་ལམ།
དེ་འདྲ་ཀུན་ཤེས་ཉིད་དུ་འདོད॥ ༡༡ ॥

རྣམ་པ་སྦྱོར་བར་བཅས་རྣམས་དང་།
ཡོན་ཏན་སྐྱོན་ནི་མཚན་ཉིད་བཅས།
ཐར་དང་ངེས་འབྱེད་ཆ་མཐུན་དང་།
སློབ་པ་ཕྱིར་མི་ལྡོག་པའི་ཚོགས॥ ༡༢ ॥

སྐྱིད་པར་ཞེ་ན་གཉིས་ཀྱིད་པར།
ཞེང་དག་བླ་ན་མེད་པ་ནི།
རྣམ་ཀུན་མངོན་རྫོགས་རྟོགས་པ་སྟེ།
འདི་ནི་ཐབས་མཁས་བཅས་པ་ཡིན༎ ༡༣ ༎

དེ་ཡི་རྟགས་དང་རྣམ་འཕེལ་དང་།
བརྟན་དང་སེམས་ཀུན་གནས་པ་དང་།
མཐོང་ཞེས་བྱ་དང་སྒོམ་པ་ཞེས།
བྱ་བའི་ལམ་ནི་སོ་སོ་ལ༎ ༡༤ ༎

རྣམ་པར་རྟོགས་པ་རྣམ་བཞི་ཡི།
གཉེན་པོ་རྣམ་པ་བཞི་དང་ནི།
བར་ཆད་མེད་པའི་ཏིང་ངེ་འཛིན།
ལོག་པར་བསྒྲུབ་དང་བཅས་པ་ནི༎ ༡༥ ༎

རྩེ་མོའི་མངོན་རྟོགས་མཐར་གྱིས་པ།
རྣམ་གསུམ་རྣམ་བཅུ་སྐད་ཅིག་མ།
གཅིག་གིས་མངོན་རྫོགས་བྱང་ཆུབ་པ།
མཚན་ཉིད་ཀྱིས་ནི་རྣམ་པ་བཞི༎ ༡༦ ༎

མངོན་རྟོགས་རྒྱན།

ངོ་བོ་ཉིད་ལོངས་རྫོགས་བཅས་དང་།
དེ་བཞིན་གཞན་པ་སྤྲུལ་པ་ནི།
ཆོས་སྐུ་མཛད་པ་དང་བཅས་པ།
རྣམ་པ་བཞིར་ནི་ཡང་དག་བརྗོད॥ ༡༧ ॥

སེམས་བསྐྱེད་པ་ནི་གཞན་དོན་ཕྱིར།
ཡང་དག་རྫོགས་པའི་བྱང་ཆུབ་འདོད།
དེ་དང་དེ་ནི་མདོ་བཞིན་དུ།
བསྡུས་དང་རྒྱས་པའི་སྒོ་ནས་བརྗོད॥ ༡༨ ॥

དེ་ཡང་ས་གསེར་ཟླ་བ་མེ།
གཏེར་དང་རིན་ཆེན་འབྱུང་གནས་མཚོ།
རྡོ་རྗེ་རི་སྨན་བཤེས་གཉེན་དང་།
ཡིད་བཞིན་ནོར་བུ་ཉི་མ་གླུ॥ ༡༩ ॥

རྒྱལ་པོ་མཛོད་དང་ལམ་པོ་ཆེ།
བཞོན་པ་བཀོད་མའི་ཆུ་དང་ནི།
སྒྲ་སྙན་ཆུ་བོ་སྤྲིན་རྣམས་ཀྱི།
རྣམ་པ་ཉི་ཤུ་རྩ་གཉིས་སོ॥ ༢༠ ॥

སྐྱབ་དང་བདེན་པ་རྣམས་དང་ནི།
སངས་རྒྱས་ལ་སོགས་དཀོན་མཆོག་གསུམ།
མ་ཞེན་ཡོངས་སུ་མི་ངལ་དང་།
ལམ་ནི་ཡོངས་སུ་འཛིན་པ་དང་॥ ༢༡ ॥

སྨྲུན་བླ་དང་ནི་མངོན་ཤེས་ཀྱི།
ཡོན་ཏན་རྣག་དང་མཐོང་ལམ་དང་།
སྒོམ་ཞེས་བྱ་ལ་གདམས་ངག་ནི།
བཅུ་ཡི་བདག་ཉིད་ཤེས་པར་བྱ॥ ༢༢ ॥

དབང་པོ་རྩལ་དང་རྣོན་པོ་དག
དད་དང་མཐོང་ཐོབ་རིགས་གཞན་རིགས།
བར་ཆད་གཅིག་པར་སྐྱེས་ནས་དང་།
བྱེད་དང་བྱེད་མིན་འོག་མིན་འགྲོ॥ ༢༣ ॥

འཕར་གསུམ་སྲིད་རྩེ་མཐར་ཐུག་འགྲོ།
གཟུགས་ཀྱི་ཆགས་བཅོམ་མཐོང་བ་ཡི།
ཆོས་ལ་ཞི་ལུས་མངོན་སུམ་བྱེད།
བསེ་རུ་དང་ནི་ཉི་ཤུ་འོ॥ ༢༤ ॥

དམིགས་པ་དང་ནི་རྣམ་པ་དང་།
རྒྱུ་དང་ཡོངས་སུ་འཛིན་པ་ཡིས།
བྱང་ཆུབ་སེམས་དཔའ་སྦྱོར་བ་ཡི།
དྲོད་སོགས་བདག་ཉིད་ཇི་བཞིན་དུ། ༢༥ །

རྣམ་རྟོག་བཞི་པོ་ལྡན་བརྟེན་པ།
ཆུང་དང་འབྲིང་དང་ཆེན་པོ་རྣམས།
ཉན་ཐོས་བསེ་རུ་ལྟ་བུ་དང་།
བཅས་པ་དག་ལས་ཁྱད་པར་འཕགས། ༢༦ །

དམིགས་པ་མི་རྟག་ལ་སོགས་པ།
བདེན་པའི་རྟེན་ཅན་དེ་ཡི་ནི།
རྣམ་པ་མངོན་ཞེན་ལ་སོགས་འགོག
ཐེག་པ་གསུམ་ཅར་འཐོབ་པའི་རྒྱུ། ༢༧ །

གཟུགས་སོགས་འདུ་འགོད་གནས་བྲལ་དང་།
གནས་དང་བཏགས་དང་བརྗོད་དུ་མེད།
གཟུགས་སོགས་མི་གནས་དེ་དག་ནི།
དེ་ཡི་ངོ་བོ་རང་བཞིན་མེད། ༢༨ །

དེ་དག་གཅིག་གི་རང་བཞིན་གཅིག
དེ་མི་རྟག་སོགས་པར་མི་གནས།
དེ་རྣམས་དེ་ཡི་ངོ་བོ་སྟོང་།
དེ་དག་གཅིག་གི་རང་བཞིན་གཅིག། ༢༩ ‖

ཆོས་རྣམས་མི་འཛིན་གང་ཡིན་དང་།
དེ་དག་མཚན་མར་མི་མཐོང་ཕྱིར།
ཤེས་རབ་ཀྱིས་ནི་ཡོངས་རྟོག་པ།
ཐམས་ཅད་དམིགས་སུ་མེད་པར་ཟོ ‖ ༣༠ ‖

གཟུགས་སོགས་ངོ་བོ་ཉིད་མེད་ཉིད།
དེ་མེད་པ་ཉིད་ངོ་བོ་ཉིད།
དེ་དག་སྐྱེ་མེད་ངེས་འབྱུང་མེད།
དག་དང་དེ་དག་མཚན་མ་མེད ‖ ༣༡ ‖

དེའི་མཚན་མར་མི་རྟེན་པས།
མོས་མིན་འདུ་ཤེས་མེད་པ་ཡིན།
ཏིང་འཛིན་དེ་ཡི་ཕྱེད་པ་ཉིད།
ལུང་སྟོན་པ་དང་རྣམ་པ་ཟད ‖ ༣༢ ‖

མངོན་རྟོགས་རྒྱན།

གསུམ་པོ་པན་ཚུན་ངོ་བོ་གཅིག
ཉིད་འཛིན་རྣམ་པར་མི་རྟོག་པ།
དེ་ལྟར་དེས་འབྱེད་ཆ་མཐུན་ནི།
ཆུང་དང་འབྲིང་དང་ཆེན་པོ་ཡིན༎ ༣༣ ༎

གཞི་དང་དེ་ཡི་གཉེན་པོ་ཡིས།
གཟུང་བར་རྟོག་པ་རྣམ་པ་གཉིས།
རྨོངས་དང་ཕུང་ཚོགས་བྱེ་བྲག་གིས།
དེ་ནི་སོ་སོར་རྣམ་པ་དགུ༎ ༣༤ ༎

རྫས་དང་བཏགས་པའི་རྟེན་ཅན་གྱིས།
འཛིན་པའང་རྣམ་པ་གཉིས་སུ་འདོད།
རང་དབང་བདག་སོགས་ངོ་བོ་དང་།
ཕུང་སོགས་རྟེན་ལས་དེ་བཞིན་ནོ༎ ༣༥ ༎

སེམས་མི་འགོང་པ་ཉིད་ལ་སོགས།
ངོ་བོ་ཉིད་མེད་སོགས་སྟོན་བྱེད།
དེ་ཡི་མི་མཐུན་ཕྱོགས་པོར་བ།
རྣམ་པ་ཀུན་ཏུ་ཡོངས་འཛིན་ཡིན༎ ༣༦ ༎

རྟོགས་པ་ཡི་ནི་ཆོས་རྣམ་དང་།
གཉེན་པོ་དང་ནི་སྤོང་བ་དང་།
དེ་དག་ཡོངས་སུ་གདུགས་པ་དང་།
ཤེས་རབ་སྙིང་བརྗེར་བཅས་པ་དང་།། ༣༧ །།

སློབ་མ་ཐུན་མོང་མིན་ཉིད་དང་།
གཞན་གྱི་དོན་གྱི་གོ་རིམ་དང་།
ཡེ་ཤེས་རྩོལ་བ་མི་མངའ་བར།
འཇུག་པའི་རྟེན་ལ་རིགས་ཤེས་བྱ།། ༣༨ །།

ཆོས་ཀྱི་དབྱིངས་ལ་དབྱེར་མེད་ཕྱིར།
རིགས་ནི་ཐ་དད་རུང་མ་ཡིན།
བརྟེན་པའི་ཆོས་ཀྱི་དབྱེ་བྲག་གིས།
དེ་ཡི་དབྱེ་བ་ཡོངས་སུ་བརྗོད།། ༣༩ །།

དམིགས་པ་ཆོས་རྣམས་ཐམས་ཅད་དེ།
དེ་ཡང་དགེ་ལ་སོགས་པ་ཡིན།
འཇིག་རྟེན་པ་ཡི་རྟོགས་པ་དང་།
གང་དག་འཇིག་རྟེན་འདས་འདོད་དང་།། ༤༠ །།

མངོན་རྟོགས་རྒྱན།

ཟག་བཅས་ཟག་པ་མེད་ཆོས་དང་།
གང་དག་འདུས་བྱས་འདུས་མ་བྱས།
སློབ་མ་ཐུན་མོང་ཆོས་རྣམས་དང་།
གང་དག་ཐུབ་པའི་ཐུན་མོང་མིན། ༨༡ །

སེམས་ཅན་ཀུན་མཆོག་ཉིད་སེམས་དང་།
སྤོང་དང་རྟོགས་དང་གསུམ་པོ་ལ།
ཆེན་པོ་གསུམ་གྱི་རང་འབྱུང་གི
ཆེད་དུ་བྱ་བ་འདི་ཤེས་བྱ། ༨༢ །

དེ་དག་སོ་སོར་སྦྱིན་ལ་སོགས།
རྣམ་པ་དྲུག་ཏུ་བསྡུས་པ་ཡིས།
གོ་ཆའི་སྒྲུབ་པ་གང་ཡིན་ཏེ།
དྲུག་ཚན་དྲུག་གིས་ཇི་བཞིན་བཤད། ༨༣ །

བསམ་གཏན་གཟུགས་མེད་སྦྱིན་སོགས་དང་།
ལམ་དང་བྱམས་ལ་སོགས་པ་དང་།
དམིགས་པ་མེད་དང་ལྡན་པ་དང་།
འཁོར་གསུམ་རྣམ་པར་དག་པ་དང་། ༨༤ །

ཆེད་དུ་བྱ་དང་མངོན་ཤེས་དྲུག
རྣམ་ཀུན་མཁྱེན་པའི་ཚུལ་ལ་ནི།
འཇུག་པའི་སྒྲུབ་པ་ཐེག་ཆེན་ལ།
འཛེག་པ་ཡིན་པར་ཤེས་པར་བྱ། ༎ ༤༥ ༎

བརྩེ་དང་སྦྱིན་ལ་སོགས་པ་དྲུག
ཞི་གནས་ལྷག་མཐོང་བཅས་པ་དང་།
ཟུང་དུ་འབྲེལ་བའི་ལམ་གང་དང་།
ཐབས་ལ་མཁས་པ་གང་ཡིན་དང་། ༎ ༤༦ ༎

ཡེ་ཤེས་དང་ནི་བསོད་ནམས་དང་།
ལམ་དང་གཟུངས་དང་ས་བཅུ་དང་།
གཉེན་པོ་ཚོགས་ཀྱི་སྒྲུབ་པ་ཡི།
རིམ་པ་ཡིན་པར་ཤེས་པར་བྱ། ༎ ༤༧ ༎

ཡོངས་སུ་སྦྱོང་བ་རྣམ་བཅུ་ཡིས།
ས་ནི་དང་པོ་འཐོབ་འགྱུར་ཏེ།
བསམ་དང་ཕན་པའི་དངོས་ཉིད་དང་།
སེམས་ཅན་རྣམས་ལ་སེམས་མཉམ་ཉིད། ༎ ༤༨ ༎

གཏོང་དང་བཤེས་གཉེན་བསྟེན་པ་དང་།
དམ་ཆོས་དམིགས་པ་ཚོལ་བ་དང་།
རྟག་ཏུ་ངེས་འབྱུང་སེམས་ཉིད་དང་།
སངས་རྒྱས་སྐུ་འདོད་དགའ་བ་དང་། ། ༣༩ །

ཆོས་སྟོན་པ་དང་བདེན་པ་ཡི།
ཚིག་ནི་བཅུ་པ་ཡིན་པར་འདོད།
འདི་དག་རང་བཞིན་མི་དམིགས་པས།
ཡོངས་སུ་སྦྱོང་བར་ཤེས་པར་བྱ། ། ༤༠ །

ཚུལ་ཁྲིམས་བྱས་པ་གཟོ་དང་བཟོད།
རབ་ཏུ་དགའ་དང་སྙིང་རྗེ་ཆེ།
བཀུར་བསྟི་བླ་མ་ལ་གུས་ཉན།
བརྒྱུད་པ་སྦྱིན་ལ་སོགས་ལ་བརྩོན། ། ༤༡ །

ཐོས་པས་མི་ངོམས་ཉིད་དང་ནི།
ཟང་ཟིང་མེད་པར་ཆོས་སྦྱིན་དང་།
སངས་རྒྱས་ཞིང་ཀུན་སྦྱོང་བ་དང་།
འཁོར་བས་ཡོངས་སུ་མི་སྐྱོ་དང་། ། ༤༢ །

ང་ཚ་ཁྲེལ་ཡོད་ཅེས་བྱ་བ།
རྣམ་མེད་བདག་ཉིད་དེ་རྣམ་ལྔ།
ནགས་གནས་འདོད་ཆུང་ཚིག་ཤེས་དང་།
སྦྱངས་པ་ཡང་དག་སྙོམ་རྟེན་དང་॥ ༤༣ ॥

བསླབ་པ་ཡོངས་སུ་མི་གཏོང་དང་།
འདོད་པ་རྣམས་ལ་སྨོད་པ་དང་།
སྒྱུ་ངན་འདས་དང་བདོག་ཀུན་གཏོང་།
མི་ཞུམ་པ་དང་ལྟ་བ་མེད॥ ༤༤ ॥

འདྲིས་དང་ཁྱིམ་ལ་འཁྲིན་པ་དང་།
འདུ་འཛིར་སྒྱུར་པའི་གནས་དང་ནི།
བདག་བསྟོད་གཞན་ལ་བརྙས་པ་དང་།
མི་དགེ་ལས་ཀྱི་ལམ་བཅུ་དང་॥ ༤༥ ॥

རྣམ་པས་ཁེངས་དང་ཕྱིན་ཅི་ལོག
སྣོ་ངན་དང་ནི་ཉོན་མོངས་བཟོད།
བཅུ་པོ་འདི་ནི་རྣམ་སྤངས་ན།
ས་ལྔ་པ་ནི་ཡང་དག་འཐོབ॥ ༤༦ ॥

མངོན་རྟོགས་རྒྱན།

སྦྱིན་དང་ཚུལ་ཁྲིམས་བཟོད་བརྩོན་འགྲུས།
བསམ་གཏན་ཤེས་རབ་རབ་རྫོགས་པས།
སློབ་མ་དང་ནི་བསེ་རུ་ལ།
དགང་དང་སྨྲག་པའི་སེམས་སྤྱངས་པ། ༤༧ །

འཕྲངས་ན་མི་ཞུམ་བཟློག་པ་ཀུན།
གཏོང་ཡང་མི་དགའ་མེད་པ་དང་།
དབུལ་ཡང་སློང་བ་མི་སྐྱོད་པས།
ས་ནི་བརྟག་པ་ཡང་དག་འཕེལ། ༤༨ །

བདག་དང་སེམས་ཅན་འཛིན་པ་དང་།
སྲོག་དང་གང་ཟག་ཆད་རྟག་དང་།
མཚན་མ་རྒྱུ་དང་ཕུང་པོ་དང་།
ཁམས་དང་སྐྱེ་མཆེད་དག་དང་ནི། ༤༩ །

ཁམས་གསུམ་པོ་ལ་གནས་དང་ཆགས།
སེམས་ནི་ཀུན་ཏུ་ཞུམ་པ་དང་།
དཀོན་མཆོག་གསུམ་དང་ཚུལ་ཁྲིམས་ལ།
དེར་ལྟ་བ་ཡི་མངོན་ཞེན་དང་། ༥༠ །

སྟོང་པ་ཉིད་ལ་རྩོད་པ་དང་།
དེ་དང་འགལ་བའི་ཉེས་པ་ནི།
ཉེ་བ་གང་ལ་རྣམ་ཆད་པ།
དེ་ཡིས་ས་ནི་བདུན་པ་འཐོབ༎ ༨༡ ༎

རྣམ་ཐར་སྒོ་གསུམ་ཤེས་པ་དང་།
འཁོར་གསུམ་རྣམ་པར་དག་ཉིད་དང་།
སྙིང་རྗེ་དང་ནི་རློམ་མེད་དང་།
ཆོས་མཉམ་ཉིད་དང་ཚུལ་གཅིག་ཤེས༎ ༨༢ ༎

མི་སྐྱེ་པ་དང་བཟོད་ཤེས་དང་།
ཆོས་རྣམས་རྣམ་པ་གཅིག་ཏུ་སྟོན།
རྟོག་པ་ཀུན་ཏུ་འཇོམས་པ་དང་།
འདུ་ཤེས་ལྟ་དང་ཉོན་མོངས་སྤོང་༎ ༨༣ ༎

ཞི་གནས་ངེས་པར་སེམས་པ་དང་།
ལྷག་མཐོང་ལ་ནི་མཁས་པ་དང་།
སེམས་དུལ་བ་དང་ཐམས་ཅད་ལ།
ཐོགས་པ་མེད་པའི་ཡེ་ཤེས་དང་༎ ༨༤ ༎

ཚོགས་པའི་ས་མེད་གང་འདོད་པར།
ཞིང་གཞན་དུ་ནི་མཉམ་འགྲོ་དང་།
ཀུན་དུ་བདག་གི་ངོ་བོ་ནི།
སྟོན་པ་ཉིད་དང་ཉེ་ཤུའོ༎ ༦༥ ༎

སེམས་ཅན་ཀུན་ཡིད་ཤེས་པ་དང་།
མངོན་པར་ཤེས་པས་བརྩེ་བ་དང་།
སངས་རྒྱས་ཞིང་བཟང་སྒྲུབ་པ་དང་།
ཡོངས་སུ་བརྟག་ཕྱིར་སངས་རྒྱས་བསྟེན༎ ༦༦ ༎

དབང་པོ་ཤེས་དང་རྒྱལ་བ་ཡི།
ཞིང་སྦྱོང་སྒྱུ་མ་ལྟར་གནས་དང་།
བསམས་བཞིན་སྲིད་པ་ལེན་པ་དང་།
ལས་ནི་རྣམ་པ་འདི་བརྒྱད་བཤད༎ ༦༧ ༎

སྨོན་ལམ་དང་ནི་མཐའ་ཡས་དང་།
ལྷ་ལ་སོགས་པའི་སྐད་ཤེས་དང་།
སྤོབས་པ་ཆུ་བོ་ལྟ་བུ་དང་།
མངལ་དུ་འཇུག་པ་མཆོག་དང་ནི༎ ༦༨ ༎

རིགས་དང་རྒྱས་དང་ཚོ་འཕྲང་དང་།
འཁོར་དང་སྐྱེ་བ་དག་དང་ནི།
ངེས་འབྱུང་བྱང་ཆུབ་ཤིང་རྣམས་དང་།
ཡོན་ཏན་ཕུན་སུམ་ཚོགས་པ་ཡིན།། ༧༩ །།

ས་དགུ་འདས་ནས་ཡེ་ཤེས་ནི།
གང་གིས་སངས་རྒྱས་སར་གནས་པ།
དེ་ནི་བྱང་ཆུབ་སེམས་དཔའི་ས།
བཅུ་པ་ཡིན་པར་ཤེས་པར་བྱ།། ༨༠ །།

མཐོང་དང་བསྒོམ་པའི་ལམ་དག་ལ།
གཟུང་དང་འཛིན་པའི་རྣམ་རྟོག་རྣམས།
ཉེ་བར་ཞི་བར་བྱ་བའི་ཕྱིར།
གཉེན་པོ་རྣམ་པ་བརྒྱད་ཅེས་བྱ།། ༨༡ །།

ཚད་དུ་བྱ་དང་མཉམ་ཉིད་དང་།
སེམས་ཅན་དོན་དང་འབད་མེད་དང་།
མཐའ་ལས་འདས་པར་ངེས་འབྱུང་དང་།
ཐོབ་པའི་མཚན་ཉིད་ངེས་འབྱུང་དང་།། ༨༢ །།

རྣམ་པ་ཐམས་ཅད་མཁྱེན་ཉིད་དང་།
ལམ་གྱི་ཡུལ་ཅན་ངེས་འབྱུང་སྟེ།
རྣམ་པ་བརྒྱད་ཀྱི་བདག་ཉིད་འདི།
ངེས་འབྱུང་བསྒྲུབ་པ་ཡིན་ཤེས་བྱ།། ༧༣ །།

ཤེས་རབ་ཀྱི་པ་རོལ་ཏུ་ཕྱིན་པའི་མན་ངག་གི་བསྟན་བཅོས་མངོན་པར་རྟོགས་པའི་རྒྱན་ཅེས་བྱ་བ་ལས་རྣམ་པ་ཐམས་ཅད་མཁྱེན་པ་ཉིད་ཀྱི་སྐབས་དང་པོའོ།།

ལྷ་རྣམས་རྟུང་པར་བྱ་བའི་ཕྱིར།
འོད་ཀྱིས་མོག་མོག་པོར་མཛད་དང་།
ཡུལ་ངེས་པ་དང་ཁྱབ་པ་དང་།
རང་བཞིན་དང་ནི་དེ་ཡི་ལས།། ༡ །།

ལམ་ཤེས་ཉིད་ཀྱི་ཚུལ་ལ་ནི།
འཕགས་པའི་བདེན་པ་བཞི་དག་གི
རྣམ་པ་མི་དམིགས་སྒོ་ནས་ནི།
ཉན་ཐོས་ལམ་འདི་ཤེས་པར་བྱ།། ༢ །།

འཕགས་པ་ཉན་ཐོས་ལ་ཀ་ལ་ནི།
གཟུགས་ལ་སོགས་པ་སྟོང་པའི་ཕྱིར།
སྟོང་པ་ཉིད་རྣམས་དབྱེར་མེད་པས།
ཏྲ་བ་རེ་དག་མི་དམིགས་པས ༎ ༣ ༎

རྩེ་མོར་གྱུར་པ་དག་ཏུ་འདོད།
དེ་ལ་རྟག་ལ་སོགས་ཚུལ་གྱིས།
གནས་པ་བཀག་པས་བཟོད་པ་རྣམས།
ས་བཅུ་དག་ལས་བརྩམས་ནས་ནི ༎ ༤ ༎

ཤི་གདས་རྒྱས་པར་བསྟན་ཁ་ཡིས།
ཆོས་ཀྱི་མཆོག་ཏུ་འགྱུར་བཤད་དེ།
ཅི་ཕྱིར་ཞེ་ན་སངས་རྒྱས་ཀྱིས།
མཁྱེན་ནས་ཆོས་རྣམས་མ་གཟིགས་ཕྱིར ༎ ༥ ༎

རང་བྱུང་བདག་ཉིད་རྟོགས་པའི་ཕྱིར།
གཞན་གྱིས་བསྟན་ཡང་མི་དགོས་ལ།
བསེ་རུ་ལྟ་བུའི་ཡེ་ཤེས་ནི།
ཟབ་པ་ཉིད་དུ་མངོན་པར་བརྗོད ༎ ༦ ༎

མངོན་རྟོགས་རྒྱན།

གང་གང་དོན་ནི་གང་གང་ལ།
ཇི་ལྟ་ཇི་ལྟར་ཉན་འདོད་པ།
དེ་དེ་ལ་དོན་དེ་དང་དེ།
སྒྲ་མེད་ཀྱང་དེ་དེ་ལྟར་སྣང་།། ༧ །།

གཟུང་དོན་རྟོག་པ་སྤྱོད་ཕྱིར་དང་།
འཛིན་པ་མི་སྤྱོད་ཕྱིར་དང་ནི།
རྟེན་གྱིས་བསེ་རུ་ལྟ་བུའི་ལམ།
ཡང་དག་བསྡུས་པར་ཤེས་པར་བྱ།། ༨ །།

བཏགས་པའི་ཆོས་ཉིད་མི་འགལ་བར།
སྟོན་པའི་རྣམ་པ་རྫོང་སྒྱུར་པ།
རྩེ་མོར་སྒྱུར་པ་གཟུགས་ལ་སོགས།
འགྲིབ་པ་མེད་ལ་སོགས་པས་ཕྱེ།། ༩ །།

ནང་སྟོང་ཉིད་ལ་སོགས་པ་ཡིས།
གཟུགས་སོགས་མི་འཛིན་ཕྱིར་བཟོད་པ།
གཟུགས་སོགས་སྐྱེ་བ་མེད་སོགས་ཀྱི།
རྣམ་པ་ཅན་ནི་ཆོས་ཀྱི་མཆོག།། ༡༠ །།

བདེན་དང་བདེན་ལ་བཀོད་པ་དང་།
ཤེས་པའི་སྐད་ཅིག་རྣམ་བཞི་ཡིས།
ལམ་ཤེས་ཉིད་ལ་མཐོང་བའི་ལམ།
ཕན་ཡོན་བཅས་པ་འདི་བཀོད་དོ༎ ༡༡ ༎

དེ་བཞིན་ཉིད་དང་སངས་རྒྱས་དག
ཕན་ཚུན་རྟེན་པ་རྟེན་མེད་ཕྱིར།
རྣམ་གྲངས་ཁས་མི་ལེན་པ་དང་།
ཆེན་པོ་ཚད་མ་མེད་བཅས་དང་༎ ༡༢ ༎

ཚད་མེད་པ་དང་མཐའ་མེད་དང་།
དེར་གནས་གཟུགས་ལ་སོགས་པ་ལ།
སངས་རྒྱས་ཉིད་དུ་ངེས་འཛིན་དང་།
བླང་མེད་དོར་བ་མེད་སོགས་དང་༎ ༡༣ ༎

བྱམས་ལ་སོགས་དང་སྟོང་ཉིད་དང་།
སངས་རྒྱས་ཉིད་ནི་འཐོབ་པ་དང་།
རྣམ་པར་བྱང་ཀུན་ཡོངས་བསྡུས་དང་།
ཉམ་ང་བ་དང་ནད་ཀུན་སེལ༎ ༡༤ ༎

མངོན་རྟོགས་རྒྱན།

སྒྲ་ངན་འདས་འཛིན་ཞི་ཉིད་དང་།
སངས་རྒྱས་རྣམས་ཀྱིས་སྐྱུང་ལ་སོགས།
སྤྲོག་མི་གཅོད་པ་ལ་སོགས་པ།
རྣམ་པ་ཀུན་མཁྱེན་ཚུལ་ལ་ནི༎ ༡༥ ༎

བདག་ཉིད་གནས་ཏེ་སེམས་ཅན་དང་།
འགོད་དང་སྦྱོད་པ་ལ་སོགས་པ།
རྫོགས་པའི་བྱང་ཆུབ་ཏུ་བསྔོ་བ།
ལམ་ཤེས་ཉིད་ཀྱི་སྐད་ཅིག་མ༎ ༡༦ ༎

ཀུན་ནས་ཞི་དང་ཐམས་ཅད་ལ།
འདུད་དང་ཉོན་མོངས་ལས་རྒྱལ་དང་།
གནོད་པས་བརྫི་བ་མེད་ཉིད་དང་།
བྱང་ཆུབ་དང་ནི་རྟེན་མཆོད་ཉིད༎ ༡༧ ༎

མོས་པ་རང་གི་དོན་དང་ནི།
རང་གཞན་དོན་དང་གཞན་དོན་དང་།
[illegible]
[illegible]

སོ་སོར་རྣམ་པ་གསུམ་དུ་འདོད།
རྒྱུད་དུའི་རྒྱུད་སོགས་དབྱེ་བ་ཡིས།
དེ་ཡང་རྣམ་གསུམ་དེ་ལྟར་ན།
རྣམ་པ་ཉི་ཤུ་བདུན་དུ་འདོད། ༡༩

ཤེས་རབ་པ་རོལ་ཕྱིན་པ་ལ།
མོས་པའི་གནས་སྐབས་རྣམས་ལ་ནི།
དགུ་ཚན་གསུམ་གྱིས་བསྟོད་པ་དང་།
བཀུར་བ་དང་ནི་བསྔགས་པར་འདོད། ༢༠

ཡོངས་སུ་བསྔོ་བ་ཁྱད་པར་ཅན།
དེ་ཡི་བྱེད་པ་མཆོག་ཡིན་ནོ།
དེ་ནི་དམིགས་མེད་རྣམ་པ་ཅན།
ཕྱིན་ཅི་མ་ལོག་མཚན་ཉིད་དོ། ༢༡

དབེན་དང་སངས་རྒྱས་བསོད་ནམས་ཚོགས།
རང་བཞིན་རྣམ་པའི་སྤྱོད་ཡུལ་ཅན།
[illegible]
སངས་རྒྱས་རྗེས་སུ་ཡི་རང་དང་། ༢༢

ཁམས་གསུམ་གཏོགས་པ་མ་ཡིན་དང་།
ཆུང་དང་འབྲིང་དང་ཆེན་པོ་ཡི།
བསྔོ་བ་གཞན་ནི་རྣམ་གསུམ་པོ།
བསོད་ནམས་ཆེ་འབྱུང་བདག་ཉིད་དོ། ༢༣ །

ཐབས་དང་མི་དམིགས་པ་དག་གིས།
དགེ་བའི་རྩ་ལ་ཡི་རང་བ།
རྗེས་སུ་ཡི་རང་ཡིད་བྱེད་པ།
བསྒོམ་པ་ཡིན་པར་འདིར་བརྗོད་དོ། ༢༤ །

དེ་ཡི་ངོ་བོ་ཉིད་མཆོག་ཉིད།
ཀུན་ལ་མངོན་པར་འདུ་མི་བྱེད།
ཆོས་རྣམས་དམིགས་སུ་མེད་པར་ནི།
གཏོད་པར་བྱེད་པ་དོན་ཆེན་ཉིད། ༢༥ །

སངས་རྒྱས་བསྙེན་དང་སྦྱིན་སོགས་དང་།
ཐབས་ལ་མཁས་པ་གང་ཡིན་པ།
འདི་ལ་མོས་པའི་རྒྱུ་དག་ཡིན།
ཆོས་ཀྱིས་འཕོངས་པའི་རྒྱུ་དག་ནི། ༢༦ །

བདུད་ཀྱི་ཐེབས་ཀྱིས་ནོན་པ་དང་།
ཟབ་མོའི་ཆོས་ལ་མ་མོས་དང་།
ཕུང་པོ་ལ་སོགས་མངོན་ཞེན་དང་།
སྡིག་པའི་གྲོགས་པོས་ཡོངས་ཟིན་པའོ། ༢༧ །

འབྲས་བུ་དག་པ་གཟུགས་ལ་སོགས།
དག་པ་ཉིད་དེ་གང་གི་ཕྱིར།
དེ་གཉིས་ཐ་དད་མ་ཡིན་ཞིང་།
བཅད་དུ་མེད་པས་དག་པར་བརྗོད། ༢༨ །

ཉོན་མོངས་ཤེས་བྱ་ལམ་གསུམ་གྱི།
ཉམས་ཕྱིར་སློབ་མ་བསེ་རུ་དང་།
རྒྱལ་སྲས་རྣམས་ཀྱི་དག་པ་སྟེ།
སངས་རྒྱས་རྣམ་ཀུན་ཤིན་ཏུ་པ། ༢༩ །

ས་དཀྲུ་ལ་ནི་ཆེན་པོ་ཡི།
ཆེན་པོ་ལ་སོགས་རྡེ་མ་ཡི།
གཉེན་པོ་ཆུང་དུའི་ཆུང་དུ་ལ།
སོགས་པའི་ལམ་ནི་དག་པ་ཡིན། ༣༠ །

མངོན་རྟོགས་རྒྱན།

དེ་ལ་ཀུན་ཀ་སྦྱངས་པ་ཡིས།
ལམ་ནི་མཐོང་དང་གཞལ་བྱ་དག
མཉམ་པ་ཉིད་ཀྱིས་ཁམས་གསུམ་གྱི།
གཉེན་པོ་ཉིད་དུ་འདོད་པ་ཡིན॥ ༣༧॥

ཤེས་རབ་ཀྱི་པ་རོལ་ཏུ་ཕྱིན་པའི་མན་ངག་གི་བསྟན་བཅོས་མངོན་པར་རྟོགས་པའི་རྒྱན་ཅེས་བྱ་བ་ལས། ལམ་ཤེས་པ་ཉིད་ཀྱི་སྐབས་ཏེ་གཉིས་པའོ॥

ཚུ་རོལ་པ་རོལ་མཐའ་ལ་མིན།
དེ་དག་བར་ན་མི་གནས་པ།
དུས་རྣམས་མཉམ་པ་ཉིད་ཤེས་ཕྱིར།
ཤེས་རབ་པ་རོལ་ཕྱིན་པར་འདོད॥ ༡॥

དེ་ནི་མཚན་མར་དམིགས་སྒོ་ནས།
ཐབས་ལ་མཁས་པ་མིན་པས་རིང་།
དེ་ནི་ཐབས་ལ་མཁས་པ་ཡིས།
ཡང་དག་ཉེ་བ་ཉིད་དུ་བཤད॥ ༢॥

གཟུགས་སོགས་ཕུང་པོ་སྟོང་ཉིད་དང་།
དུས་གསུམ་གཏོགས་པའི་ཆོས་རྣམས་དང་།
སྦྱིན་སོགས་བྱང་ཆུབ་ཕྱོགས་རྣམས་ལ།
སྤྱོད་པའི་འདུ་ཤེས་མི་མཐུན་ཕྱོགས། ‖ ༣ ‖

སྦྱིན་ལ་སོགས་ལ་ངར་འཛིན་མེད།
གཞན་དག་དེ་ལ་སྦྱོར་བྱེད་པ།
དེ་ནི་ཆགས་པའི་མཐའ་འགོག་པས།
རྒྱལ་ལ་སོགས་ལ་ཆགས་པ་ཕྲ། ‖ ༤ ‖

ཆོས་ཀྱི་ལམ་ནི་རང་བཞིན་གྱིས།
དབེན་པའི་ཕྱིར་ན་དེ་ཟབ་ཉིད།
ཆོས་རྣམས་རང་བཞིན་གཅིག་པར་ནི།
ཤེས་པས་ཆགས་པ་སྤོང་བ་ཡིན། ‖ ༥ ‖

[illegible]་པ་ལ་སོགས་[illegible]་པ་ཡིས།
དེ་ནི་ཆགས་[illegible]།
གཟུགས་ལ་སོགས་པར་མི་ཤེས་ཕྱིར།
དེ་ནི་བསམ་མི་ཁྱབ་པར་འདོད། ‖ ༦ ‖

མངོན་རྟོགས་རྒྱན།

དེ་ལྟར་ཀུན་ཤེས་ཉིད་ལུགས་ལ།
མི་མཐུན་གཉེན་པོའི་ཕྱོགས་དག་གི
རྣམ་པར་དབྱེ་བ་མ་ལུས་པ།
ཇི་སྐད་བཤད་པ་འདིར་ཤེས་བྱ།།༧།།

གཟུགས་སོགས་དེ་མི་རྟག་སོགས་དང་།
དེ་མ་རྫོགས་དང་རབ་རྫོགས་དང་།
དེ་ལ་ཆགས་པ་མེད་ཉིད་ལ།
[illegible]།། །།

མི་འགྱུར་བྱེད་པོ་མེད་ཉིད་དང་།
བྱ་དཀའ་རྣམ་གསུམ་སྦྱོར་བ་དང་།
སྐལ་པ་ཇི་བཞིན་འབྲས་ཐོབ་པས།
འབྲས་ཡོད་འདོད་པ་དེ་དང་ནི།།༩།།

གཞན་ལ་རག་ལས་མེད་གང་དང་།
སྣང་བ་རྣམ་བདུན་ཤེས་བྱེད་དོ།
གཟུགས་ལ་སོགས་ལ་རློམ་མེད་པ།
རྣམ་བཞི་དེ་ཡི་མཉམ་པ་ཉིད།།༡༠།།

ལྷག་བསྒྲལ་ལ་སོགས་བདེན་པ་ལ།
ཆོས་ཤེས་རྗེས་སུ་ཤེས་པ་དང་།
བཟོད་ཤེས་སྐད་ཅིག་བདག་ཉིད་འདི།
ཀུན་ཤེས་ཚུལ་ལ་མཐོང་བའི་ལམ॥ ༡༡ ॥

གཟུགས་རྟག་མ་ཡིན་མི་རྟག་མིན།
མཐའ་ལས་འདས་དང་རྣམ་དག་དང་།
མ་སྐྱེས་མ་འགགས་ལ་སོགས་དང་།
མཁའ་འདྲ་ཆགས་པ་སྤངས་པ་དང་॥ ༡༢ ॥

ཡོངས་སུ་འཛིན་ལས་གྲོལ་བ་དང་།
ངོ་བོ་ཉིད་ཀྱིས་བརྗོད་མེད་དང་།
གང་ཕྱིར་འདི་དོན་བརྗོད་པ་ཡིས།
གཞན་ལ་སྦྱིན་དུ་མེད་པ་དང་॥ ༡༣ ॥

དམིགས་པ་མེད་པར་བྱེད་པ་དང་།
ཤིན་ཏུ་རྣམ་དག་ནད་མི་འབྱུང་།
ངན་སོང་ཆད་དང་འབྲས་བུ་ནི།
མངོན་དུ་བྱ་ལ་མི་རྟོག་ཉིད॥ ༡༤ ॥

མཚན་མ་དག་དང་མ་འབྲེལ་དང་།
དངོས་དང་མེད་དང་གཉིས་པོ་ལ།
ཤེས་པ་སྐྱེ་བ་མེད་པ་ནི།
ཀུན་ཤེས་ཉིད་ཀྱི་སྐད་ཅིག་མ།། ༡༥ །།

དེ་ལྟར་འདི་དང་ཡང་འདི་དང་།
ཡང་འདི་ཡིན་ཏེ་རྣམ་གསུམ་པོ།
འདི་ནི་གནས་སྐབས་གསུམ་པོ་དག
རྫོགས་པར་ཡོངས་སུ་བསྟན་པ་ཡིན།། ༡༦ །།

ཤེས་རབ་ཀྱི་ཕ་རོལ་ཏུ་ཕྱིན་པའི་མན་ངག་གི་བསྟན་བཅོས་མངོན་པར་རྟོགས་པའི་རྒྱན་ཅེས་བྱ་བ་ལས། ཐམས་ཅད་ཤེས་པ་ཉིད་ཀྱི་སྐབས་ཏེ་གསུམ་པའོ།།

གཞི་ཤེས་པ་ཡི་བྱེ་བྲག་རྣམས།
རྣམ་པ་ཞེས་བྱ་མཚན་ཉིད་དེ།
ཀུན་མཁྱེན་ཉིད་ནི་རྣམ་གསུམ་ཕྱིར།
དེ་ནི་རྣམ་པ་གསུམ་དུ་འདོད།། ༡ །།

མེད་པའི་རྣམ་པ་ནས་བཟུང་སྟེ།
མི་གཡོ་བ་ཡི་རྣམ་པའི་བར།
བདེན་པ་སོ་སོ་ལ་བཞི་དང་།
ལམ་ལ་དེ་ནི་བཅོ་ལྔར་བཤད། ༢ །།

རྒྱུ་དང་ལམ་དང་སྡུག་བསྔལ་དང་།
འགོག་པ་ལ་ནི་གོ་རིམ་བཞིན།
དེ་དག་བརྒྱད་དང་བདུན་དང་ནི།
ལྔ་དང་བཅུ་དྲུག་ཙམ་བསྒྲགས་སོ། ༣ །།

དྲན་པ་ཉེར་གཞག་ནས་བཟུང་སྟེ།
སངས་རྒྱས་རྣམ་པའི་མཐར་ཐུག་རྣམས།
ལམ་གྱི་བདེན་པའི་རྗེས་མཐུན་པར།
ཀུན་མཁྱེན་གསུམ་དུ་ཕྱེ་བས་ན། ༤ །།

སློབ་མ་བྱང་ཆུབ་སེམས་དཔའ་དང་།
སངས་རྒྱས་རྣམས་ལ་རིམ་བཞིན་དེ།
སུམ་ཅུ་བདུན་དང་སུམ་ཅུ་བཞི།
སུམ་ཅུ་རྩ་དགུ་དག་ཏུ་བཞེད། ༥ །།

སངས་རྒྱས་རྣམས་ལ་ལྷག་པར་བྱས།
དེ་ལ་དགེ་བའི་རྩ་བ་བསྐྲུན།
དགེ་བའི་བཤེས་ཀྱི་མགོན་བཅས་པ།
འདི་མཉན་པ་ཡི་སྣོད་ཡིན་ནོ༎ ༧ ༎

སངས་རྒྱས་བསྙེན་དང་ཀུན་འདྲི་དང་།
སྦྱིན་དང་ཚུལ་ཁྲིམས་སོགས་སྤྱོད་པས།
ལེན་དང་འཛིན་པ་ལ་སོགས་པའི།
སྣོད་དུ་དམ་པ་རྣམས་བཞེད་དོ༎ ༨ ༎

གཟུགས་ལ་སོགས་ལ་མི་གནས་ཕྱིར།
དེ་ལ་སྦྱོར་བ་བཀག་པའི་ཕྱིར།
དེ་ཡི་དེ་བཞིན་ཉིད་ཟབ་ཕྱིར།
དེ་རྣམས་གཏིང་དཔག་དཀའ་བའི་ཕྱིར༎

དེ་དག་ཚད་ནི་མེད་ཕྱིར་དང་།
ཚེགས་ཆེན་ཡུན་རིང་རྟོགས་པའི་ཕྱིར།
ལུང་བསྟན་ཕྱིར་མི་ལྡོག་ཉིད་དང་།
[illegible]

བྱང་ཆུབ་ཉེ་དང་སྦྱར་བ་དང་།
གཞན་དོན་འཕེལ་མེད་འགྲིབ་མེད་ཕྱིར།
ཆོས་དང་ཆོས་མིན་སོགས་མི་མཐོང་།
གཟུགས་སོགས་བསམ་མི་ཁྱབ་མི་མཐོང་ ॥ ༡༠ ॥

གཟུགས་སོགས་དེ་ཡི་མཚན་མ་དང་།
དེ་ཡི་ངོ་བོ་རྣམ་མི་རྟོག
འབྲས་བུ་རིན་ཆེན་སྦྱིན་བྱེད་དང་།
དེ་ཉིད་དག་པ་མཚམས་དང་བཅས ॥ ༡༡ ॥

བདུད་ཀྱི་མཐུ་བཅོམ་ལ་སོགས་པ།
ཡོན་ཏན་རྣམ་པ་བཅུ་བཞི་འོ།
སྐྱོན་ནི་བཅུ་ཚན་བཞིར་བཅས་པ།
རྟག་ཏུ་ངེས་པར་རྟོགས་པར་བྱ ॥ ༡༢ ॥

གང་གིས་མཚོན་དེ་མཚན་ཉིད་དེ།
ཤེས་བྱ་དེ་ཡང་རྣམ་པ་གསུམ།
ཤེས་པ་ཁྱད་པར་བྱེད་པ་སྟེ།
[illegible] ॥ [illegible] ॥

དེ་བཞིན་གཤེགས་པ་འབྱུང་བ་དང་།
འཇིག་རྟེན་འཇིག་མེད་བདག་ཉིད་དང་།
སེམས་ཅན་སེམས་ཀྱི་སྤྱོད་པ་དང་།
དེ་བསྡུས་པ་དང་ཕྱིར་བཀྱེས་དང་། ॥ ༡༣ ॥

མི་ཟད་པ་ཡི་རྣམ་པ་དང་།
ཆགས་བཅས་སོགས་དང་རྒྱ་ཆེན་དང་།
ཆེན་པོར་གྱུར་དང་ཚད་མེད་དང་།
རྣམ་ཤེས་བསྟན་དུ་མེད་པ་དང་། ॥ ༡༤ ॥

སེམས་བསྒྱུར་མེད་དང་ཤེས་པ་དང་།
གཡོ་བ་ལ་སོགས་ཞེས་བྱ་དང་།
དེ་ལས་གཞན་ཡང་དེ་དག་ནི།
དེ་བཞིན་ཉིད་ཀྱི་རྣམ་པར་ཤེས། ॥ ༡༥ ॥

ཐུབ་པས་དེ་བཞིན་ཉིད་རྟོགས་དེ།
གཞན་ལ་བསྟན་པ་ཞེས་བྱ་སྟེ།
ཐམས་ཅད་ཤེས་པ་ཉིད་སྐབས་ཀྱི།
ཤེས་པའི་མཚན་ཉིད་བསྡུས་པ་ཡིན། ॥ ༡༦ ॥

སྟོང་ཉིད་མཚན་མ་མེད་བཅས་དང་།
སྨོན་པ་རྣམ་པར་སྦྱངས་པ་དང་།
སྐྱེ་མེད་འགག་པ་མེད་སོགས་དང་།
ཆོས་ཉིད་རྣམ་པར་འཁྲུག་མེད་དང་། ༡༨ ༎

འདུ་མི་བྱེད་དང་རྟོག་མི་རྟོག།
རབ་དབྱེ་མཚན་ཉིད་མེད་ཉིད་ལ།
ལམ་ཤེས་ཉིད་ཀྱི་སྐབས་ཀྱིས་ནི།
ཤེས་པའི་མཚན་ཉིད་ཡིན་པར་བཞེད། ༡༩ ༎

དེ་ནི་ཉིད་ཀྱི་ཆོས་བརྟེན་ནས།
གནས་དང་གུས་པར་བྱ་བ་དང་།
བླ་མ་ཉིད་དང་མཉེས་པ་དང་།
དེ་ལ་མཆོད་དང་བྱེད་མེད་དང་། ༢༠ ༎

ཀུན་ཏུ་འདུག་མཁྱེན་གང་ཡིན་དང་།
མ་མཐོང་སྟོན་པར་མཛད་པ་དང་།
འཇིག་རྟེན་སྟོང་ཉིད་རྣམ་པ་དང་།
བརྗོད་དང་ཤེས་མཛད་མངོན་སུམ་མཛད། ༢༡ ༎

བསམ་མི་ཁྱབ་དང་ཞི་ཉིད་སྟོན།
འཇིག་རྟེན་འདུ་ཤེས་འགོག་པ་ལ།
རྣམ་པ་ཀུན་མཁྱེན་ཚུལ་ལ་ནི།
ཤེས་པའི་མཚན་ཉིད་ཅེས་བཤད་དོ། ༢༢ །

བསམ་མི་ཁྱབ་སོགས་ཁྱད་པར་གྱིས།
ཁྱད་ཞུགས་བདེན་པའི་སྤྱོད་ཡུལ་ཅན།
སྐད་ཅིག་མ་ནི་བཅུ་དྲུག་གིས།
ཁྱད་པར་མཚན་ཉིད་བཤད་པ་ཡིན། ༢༣ །

བསམ་མི་ཁྱབ་དང་མི་མཉམ་དང་།
གཞལ་དང་བགྲང་ལས་ཡང་དག་འདས།
འཕགས་པ་ཀུན་སྡུད་མཁས་པ་ཡིས།
རིག་བྱ་ཐུན་མོང་མིན་ཤེས་ཉིད། ༢༤ །

ཤེས་མྱུར་ཐེ་དང་གང་མེད་དང་།
སྐྱོ་དང་ཡང་དག་འཁྲུལ་པ་དང་།
དམིགས་པ་རྟེན་དང་བཅས་པ་དང་།
མཐའ་དག་པ་དང་ཡོངས་འཛིན་དང་། ༢༥ །

རོ་མྱོང་མེད་དང་ཁྱད་པར་ནི།
བཅུ་དྲུག་བདག་ཉིད་ཤེས་བྱ་སྟེ།
གང་གིས་ལམ་ནི་གཞན་དག་ལས།
ཁྱད་དུ་འཕགས་པས་ཁྱད་པར་ལམ॥ ༢༦॥

ཕན་དང་བདེ་དང་སྐྱོབ་པ་དང་།
མི་རྣམས་ཀྱི་ནི་སྐྱབས་དག་དང་།
གནས་དང་དཔུང་གཉེན་གླིང་དང་ནི།
ཡོངས་འདྲེན་པ་ཞེས་བྱ་བ་དང་॥ ༢༧॥

ལྷུན་གྱིས་གྲུབ་དང་ཐེག་གསུམ་གྱིས།
འབྲས་བུ་མངོན་སུམ་མི་བྱེད་དག
ཐ་མ་ཧེན་གྱི་མཛད་པ་སྟེ།
འདི་ནི་བྱེད་པའི་མཚན་ཉིད་ཡིན॥ ༢༨॥

ཉོན་མོངས་རྟགས་དང་མཚན་མ་དང་།
[illegible]་དང་གཉེན་པོ་དང་།
དབེན་དང་དཀའ་དང་ངེས་པ་དང་།
ཆེད་དུ་བྱ་དང་མི་དམིགས་དང་॥ ༢༩॥

མངོན་པར་ཞེན་པ་བཀག་པ་དང་།
དམིགས་པ་ཞེས་བྱ་གང་ཡིན་དང་།
མི་མཐུན་ཕྱོགས་པ་མེད་དང་དེ།
གཞི་མེད་འགྲོ་མེད་སྐྱེ་མེད་དང་།། ༣༠ །།

དེ་བཞིན་ཉིད་ནི་མི་དམིགས་དང་།
ངོ་བོ་ཉིད་བཅུ་དྲུག་བདག་ཉིད།
མཚོན་བྱ་ལྔ་བྱུར་མཚོན་པས་ན།
མཚན་ཉིད་བཞི་པར་བཞེད་པ་ཡིན།། ༣༡ །།

མཚན་མེད་རབ་ཏུ་སྦྱིན་ལ་སོགས།
ཡང་དག་སྒྲུབ་ལ་མཁས་པ་ནི།
རྣམ་པ་ཐམས་ཅད་རྟོགས་འདི་ལ།
ཐར་པའི་ཆ་དང་མཐུན་པར་འདོད།། ༣༢ །།

སངས་རྒྱས་སོགས་དམིགས་དད་པ་དང་།
སྦྱིན་སོགས་སྤྱོད་ཡུལ་བརྩོན་འགྲུས་དང་།
བསམ་པ་ཕུན་ཚོགས་དྲན་པ་དང་།
རྣམ་པར་མི་རྟོག་ཏིང་འཛིན་དང་།། ༣༣ །།

ཆོས་རྣམས་རྣམ་པ་ཐམས་ཅད་དུ།
ཤེས་པའི་ཤེས་རབ་དང་རྣམ་ལྡན།
རྫོགས་པའི་བྱང་ཆུབ་ཆེན་པོ་ཡིས།
རྟོགས་སླ་རྟུལ་པོས་རྟོགས་དཀར་བཞེད༎ ༣༤ ༎

རྡོ་བ་རྣམས་ཀྱི་དམིགས་པ་འདིར།
སེམས་ཅན་ཐམས་ཅད་ཡིན་པར་བསྟགས།
དེ་དག་ཉིད་ལ་སེམས་མཉམ་སོགས།
རྣམ་པ་དག་ནི་བཅུར་བཤད་དོ༎ ༣༥ ༎

བདག་ཉིད་སྡིག་པ་ལས་ལྡོག་ཅིང་།
སྦྱིན་ལ་སོགས་ལ་གནས་པས་གཞན།
དེ་དག་ལ་ནི་འགོད་པ་དང་།
བསྟགས་པ་བརྗོད་དང་མཐུན་པ་ཉིད༎ ༣༦ ༎

རྗེར་ཀྱུར་དེ་བཞིན་བཟོད་པ་ནི།
རང་གཞན་རྟེན་ཅན་བདེན་ཤེས་པ།
ཆོས་མཆོག་དེ་བཞིན་སེམས་ཅན་རྣམས།
སྨིན་བྱེད་སོགས་ཀྱིས་ཤེས་པར་བྱ༎ ༣༧ ༎

མངོན་རྟོགས་རྒྱན།

ངེས་འབྱེད་ཡན་ལག་ནས་བཟུང་སྟེ།
མཐོང་དང་སྒོམ་པའི་ལམ་དག་ལ།
བྱང་ཆུབ་སེམས་དཔའ་གང་དག་གནས།
དེ་འདིར་ཕྱིར་མི་ལྡོག་པའི་ཚོགས། ༣༨ །

གཟུགས་ལ་སོགས་ལས་ལྡོག་སོགས་རྟགས།
རྣམ་པ་ཉི་ཤུར་བརྗོད་པ་ཡིས།
ངེས་འབྱེད་ཡན་ལག་ལ་གནས་པའི།
ཕྱིར་མི་ལྡོག་པའི་མཚན་ཉིད་འདི། ༣༩ །

གཟུགས་ལ་སོགས་ལས་ལྡོག་པ་དང་།
ཐེ་ཚོམ་མི་དལ་ཟད་པ་དང་།
བདག་ཉིད་དགེ་བ་ལ་གནས་ཤིང་།
གཞན་དག་དེ་ལ་འགོད་པ་དང་། ༤༠ །

གཞན་ཀྱི་རྗེན་ཅན་སྦྱིན་སོགས་དང་།
ཟབ་མོའི་དོན་ལའང་སོམ་ཉེ་མེད།
བྱམས་ལུས་སོགས་དང་སྒྲིབ་པ་ནི།
རྣམ་པ་ལྔ་དང་མི་འགྲོགས་དང་། ༤༡ །

བག་ལ་ཉལ་ཀུན་འཛོམས་པ་དང་།
ཉན་པ་དང་ནི་ཤེས་བཞིན་དང་།
གོས་ལ་སོགས་པ་གཙང་བ་དང་།
ལུས་ལ་སྲིན་བུ་རྣམས་མི་འབྱུང་། ༡༢ །

ཀྲ་ཀྲུ་མེད་སེམས་སྤྱངས:པ་ནི།
ལེན་དང་སེར་སྣ་མེད་སོགས་དང་།
ཆོས་ཉིད་ལྡན་པར་འགྲོ་ཉིད་དང་།
སེམས་ཅན་དོན་དུ་དམྱལ་ཆོལ་དང་། ༡༣ །

གཞན་གྱིས་བཀྲི་བར་མི་བཏུབ་དང་།
ལམ་གཞན་ཉེ་བར་སྟོན་བཏུད་ལ།
བདུད་ཅེས་བྱ་བར་རྟོགས་པ་དང་།
སངས་རྒྱས་དགྱེས་པའི་སྤྱོད་པ་སྟེ། ༡༤ །

རྟགས་ནི་ཉི་ཤུ་དེ་དག་གིས།
དྲོད་དང་རྩེ་མོ་བཟོད་བཅས་དང་།
ཆོས་མཆོག་རྣམས་ལ་གནས་པ་ནི།
རྫོགས་པའི་བྱང་ཆུབ་ལས་མི་ལྡོག། ༡༥ །

མཐོང་བའི་ལམ་ལ་བཟོད་པ་དང་།
ཤེས་པའི་སྐད་ཅིག་བཅུ་དྲུག་ནི།
བྱང་ཆུབ་སེམས་དཔའ་མི་ལྡོག་པའི།
མཚན་ཉིད་ཡིན་པར་ཤེས་པར་བྱ༎ ༥༦ ༎

གཟུགས་སོགས་འདུ་ཤེས་ལྡོག་པ་དང་།
སེམས་བརྟན་ཐེག་པ་དམན་དག་ལས།
རྣམ་ལོག་བསམ་གཏན་ལ་སོགས་པའི།
ཡན་ལག་ཡོངས་སུ་ཟད་པ་དང་༎ ༥༧ ༎

ལུས་སེམས་ཡང་བ་ཉིད་དང་ནི།
འདོད་ལ་སྤྱོད་ལ་ཐབས་མཁས་དང་།
རྟག་ཏུ་ཚངས་པར་སྤྱོད་ཉིད་དང་།
འཚོ་བ་རྣམ་པར་དག་ཉིད་དང་༎ ༥༨ ༎

ཕུང་སོགས་བར་ཆད་བྱེད་རྣམས་དང་།
ཚོགས་དང་དབང་སོགས་བཅས་པ་ཡི།
གཡུལ་འགྱེད་སེར་སྣ་ལ་སོགས་ལ།
སྦྱོར་དང་རྗེས་སུ་སྦྱོར་བ་ཡི༎ ༥༩ ༎

གནས་པ་སོ་སོར་བཀག་པ་དང་།
ཆོས་ནི་རྡུལ་ཙམ་མི་དམིགས་ཉིད།
རང་གི་ས་ལ་ངེས་པ་ཉིད།
ས་གསུམ་ལ་ནི་གནས་པ་དང་། ༎ ༤༠ ༎

ཆོས་ཀྱི་དོན་དུ་སྲོག་གཏོང་བ།
དེ་འདྲའི་སྐད་ཅིག་བཅུ་དྲུག་ནི།
བློ་ལྡན་མཐོང་བའི་ལམ་གནས་ཀྱི།
ཕྱིར་མི་ལྡོག་པའི་རྟགས་དག་ཡིན། ༎ ༤༡ ༎

སྒོམ་པའི་ལམ་ནི་ཟབ་པ་སྟེ།
ཟབ་མོ་སྟོང་པ་ཉིད་ལ་སོགས།
ཟབ་པ་དེ་ནི་སྒྲོ་འདོགས་དང་།
སྐུར་པའི་མཐའ་ལས་གྲོལ་བ་ཉིད། ༎ ༤༢ ༎

ངེས་འབྱེད་ཡན་ལག་དང་མཐོང་བའི།
ལམ་དང་སྒོམ་པའི་ལམ་ཉིད་ལ།
ཡང་དང་ཡང་དུ་སེམས་པ་དང་།
འཇལ་དང་ངེས་རྟོགས་བསྒོམ་པའི་ལམ། ༎ ༤༣ ༎

དེ་ནི་རྒྱུན་ཆགས་ཡིན་པའི་ཕྱིར།
ཆུང་དང་འབྲིང་དང་ཆེན་པོ་རྣམས།
ཆུང་ངུའི་ཆུང་སོགས་དབྱེ་བ་ཡིས།
རྣམ་པས་རྣམ་པ་དགུར་བཞེད་དོ॥ ༤༣ ॥

གྲངས་མེད་ལ་སོགས་བསྟན་པ་རྣམས།
དམ་པའི་དོན་དུ་བཟོད་མ་ཡིན།
ཀུན་རྫོབ་ཏུ་ནི་ཐུགས་བརྩེ་བའི།
རྒྱུ་མཐུན་དེ་དག་ཐུབ་པ་བཞེད॥ ༤༤ ॥

དངོས་པོ་བརྗོད་དུ་མེད་པ་ལ།
ཉམས་པ་དང་ནི་འཕེལ་མི་རུང་།
སྒོམ་ཞེས་བྱ་བའི་ལམ་གྱིས་ནི།
ཅི་ཞིག་ཉམས་ཤིང་ཅི་ཞིག་འཐོབ॥ ༤༥ ॥

བྱང་ཆུབ་ཇི་ལྟར་དེ་བཞིན་དུ།
འདི་ནི་འདོད་པའི་དོན་སྒྲུབ་བྱེད།
བྱང་ཆུབ་དེ་བཞིན་ཉིད་མཚན་ཉིད།
དེ་ཡང་དེ་ཡི་མཚན་ཉིད་བཞེད॥ ༤༦ ॥

སེམས་ནི་སྒྲ་མས་བྱུང་ཆུབ་པར།
རིགས་མེད་ཕྱི་མས་ཀྱང་མ་ཡིན།
མར་མེའི་དཔེ་ཡི་ཚུལ་གྱིས་ནི།
ཟབ་མོའི་ཆོས་ཉིད་རྣམ་པ་བརྒྱད༎ ༦༨ ༎

སྐྱེ་བ་དང་ནི་འགག་པ་དང་།
དེ་བཞིན་ཉིད་དང་ཤེས་བྱ་དང་།
ཤེས་དང་སྤྱོད་དང་གཉིས་མེད་དང་།
ཐབས་མཁས་པ་ལ་ཟབ་པ་ཉིད༎ ༦༩ ༎

ཆོས་རྣམས་ཀྱི་ལམ་འདྲ་བའི་ཕྱིར།
སྲིད་དང་ཞི་བར་མི་རྟོག་པ།
ལས་མེད་ལ་སོགས་ཀླན་ཀ་ཡི།
ལན་ནི་ཇི་སྐད་བཤད་པར་ཟར༎ ༧༠ ༎

སེམས་ཅན་འཇིག་རྟེན་དེ་བཞིན་དུ།
སྣོད་ཀྱི་འཇིག་རྟེན་མ་དག་པ།
དེ་ལ་དག་པར་བསྒྲུབས་པ་ཡིས།
སངས་རྒྱས་ཞིང་ནི་དག་པ་ཉིད༎ ༧༡ ༎

མངོན་རྟོགས་རྒྱན།

ཡུལ་དང་སྦྱོར་བ་ཅན་འདི་ནི།
དགྲ་རྣམས་ལས་ནི་འདས་པ་དང་།
མི་གནས་རྗེ་བཞིན་རྒྱུགས་དང་ནི།
ཐུན་མོང་མ་ཡིན་མཚན་ཉིད་དང་།། ༧༢ །།

མ་ཆགས་པ་དང་མི་དམིགས་དང་།
མཚན་མ་སྨོན་ལམ་ཟད་པ་དང་།
དེ་ཡི་རྟགས་དང་ཚད་མེད་པ།
ཐབས་ལ་མཁས་པ་རྣམ་པ་བཅུ།། ༧༣ །།

ཤེས་རབ་ཀྱི་པ་རོལ་ཏུ་ཕྱིན་པའི་མན་ངག་གི་བསྟན་བཅོས་མངོན་པར་རྟོགས་པའི་རྒྱན་ཅེས་བྱ་བ་ལས། རྣམ་ཀུན་མངོན་པར་རྫོགས་པར་རྟོགས་པའི་སྐབས་ཏེ་བཞི་པའོ།།

རྨི་ལམ་ན་ཡང་ཆོས་རྣམས་ཀུན།
རྨི་ལམ་ལྟ་བུར་ལྟ་ལ་སོགས།
རྩེ་མོར་ཕྱིན་པའི་སྦྱོར་བའི་རྟགས།
རྣམ་པ་བཅུ་གཉིས་དག་ཏུ་བཞེད།། ༡ །།

སྐབས་ལྔ་པ།

འཇམ་དབྱངས་གླིང་གི་སྐྱེ་བོ་སྐྱིད།
སངས་རྒྱས་མཆོད་པའི་དགེ་ལ་སོགས།
རྣམ་མང་དུ་ནི་དཔེར་མཛད་ནས།
རྣམ་འཕེལ་བཅུ་དྲུག་བདག་ཉིད་དོ॥ ༡ ॥

ཀུན་མཁྱེན་ཉིད་གསུམ་ཆོས་རྣམས་ཀྱི།
ཡོངས་སུ་རྫོགས་པ་བླ་ན་མེད།
སེམས་ཅན་དོན་ཡོངས་མི་གཏོང་བ།
བརྟན་པ་ཞེས་ནི་མངོན་པར་བརྗོད॥ ༢ ॥

གླིང་བཞི་པ་དག་སྟོང་དག་དང་།
སྟོང་གཉིས་གསུམ་དག་དཔེར་མཛད་ནས།
བསོད་ནམས་མང་པོ་ཉིད་ཀྱིས་ནི།
དེང་འཛིན་ཡོངས་སུ་བསྔགས་པ་ཡིན॥ ༣ ॥

འདུག་པ་དང་ནི་ལྡོག་པ་ལ།
གཟུང་བའི་རྣམ་རྟོག་སོ་སོར་དེ།
དགུ་ཡི་བདག་ཉིད་ཇི་བཞིན་ཡུལ།
མེད་པའི་བདག་ཉིད་དག་ཤེས་བྱ॥ ༤ ॥

མངོན་རྟོགས་རྒྱན།

སོ་སོའི་སྐྱེ་བོ་འཕགས་དབྱེ་བས།
སེམས་ཅན་རྫས་དང་བཏགས་ཡོད་པར།
རྣམ་རྟོག་འཛིན་པ་དག་ཏུ་འདོད།
དེ་དག་སོ་སོར་དགུ་བདག་ཉིད། ༦

གལ་ཏེ་གཟུང་དོན་དེ་བཞིན་མེད།
དེ་དག་གང་གི་འཛིན་པ་འདོད།
དེ་ལྟར་དེ་དག་འཛིན་པ་ཡི།
ངོ་བོས་སྟོང་པའི་མཚན་ཉིད་དོ། ༧

ངོ་བོ་ཉིད་དང་རིགས་དང་ནི།
ལམ་ནི་ཡང་དག་འགྲུབ་པ་དང་།
ཤེས་པའི་དམིགས་པ་མ་འཁྲུལ་དང་།
མི་མཐུན་ཕྱོགས་དང་གཉེན་པོ་དང་། ༨

རང་གིས་རྟོགས་དང་བྱེད་པ་དང་།
དེ་ཡི་ལས་བྱའི་འབྲས་བུ་ལ།
འཇུག་པའི་ཕྱོགས་ཀྱི་རྟེན་ཅན་གྱི།
རྣམ་རྟོག་དེ་ནི་རྣམ་དགུར་འདོད། ༩

སྲིད་དང་ཞི་བར་ལྷུང་བའི་ཕྱིར།
རྟོགས་པ་དམན་པ་ཉིད་དང་ནི།
ཡོངས་སུ་འཛིན་པ་མེད་པ་དང་།
ལམ་གྱི་རྣམ་པ་མ་ཚང་དང་། ༎ ༡༠ ༎

གཞན་གྱི་རྐྱེན་གྱིས་འགྲོ་བ་དང་།
ཚེད་དུ་བྱ་དང་ལོག་པ་དང་།
ཉེ་ཚེ་བ་དང་སྣ་ཚོགས་ཉིད།
གནས་དང་འཇུག་ལ་རྨོངས་པ་དང་། ༎ ༡༡ ༎

རྗེས་ལ་འགྲོ་ཞེས་བྱ་བ་ལ།
རྣམ་རྟོག་དགུ་ཡི་བདག་ཉིད་འདི།
ལྷག་པའི་ཕྱོགས་ཀྱི་རྟེན་ཅན་ཏེ།
ཉན་ཐོས་ལ་སོགས་ཡོད་ལས་འབྱུང་། ༎ ༡༢ ༎

འཛིན་པ་དང་ནི་འདོར་བ་དང་།
ཡིད་ལ་བྱེད་དང་ཁམས་རྣམས་ནི།
གསུམ་པོ་དག་དང་ཉེར་འབྲེལ་དང་།
གནས་དང་མངོན་པར་ཞེན་པ་དང་། ༎ ༡༣ ༎

མངོན་རྟོགས་རྒྱན།

ཆོས་ཀྱི་དངོས་པོ་བརྟགས་པ་དང་།
ཆགས་པ་དང་ནི་གཉེན་པོ་དང་།
ཇི་ལྟར་འདོད་བཞིན་འགྲོ་རྣམས་ལ།
འཛིན་པ་དང་པོར་ཤེས་པར་བྱ༎ ༡༤ ༎

ཆེད་བཞིན་ངེས་པར་མི་འབྱུང་དང་།
ལམ་ལ་ལམ་མིན་ངེས་འཛིན་དང་།
འགོག་དང་བཅས་པའི་སྐྱེ་བ་དང་།
དངོས་པོ་ལྡན་དང་མི་ལྡན་དང་༎ ༡༥ ༎

གནས་དང་རིགས་ནི་འཇིག་པ་དང་།
དོན་དུ་གཉེར་དང་རྒྱུ་མེད་དང་།
ཕྱིར་རྒོལ་བ་ནི་དམིགས་པ་ལ།
འཛིན་པའི་རྣམ་རྟོག་གཞན་ཡིན་ནོ༎ ༡༦ ༎

བྱང་ཆུབ་ལ་གཞན་སྟོན་པ་དང་།
དེ་ཡི་རྒྱུ་ནི་ཡོངས་གཏད་དང་།
དེ་ཐོབ་བར་ཆད་མེད་པའི་རྒྱུ།
བསོད་ནམས་མང་པོའི་མཚན་ཉིད་དོ༎ ༡༧ ༎

ཉི་མ་ཟད་དང་མི་སྐྱེ་བའི།
ཡེ་ཤེས་བྱང་ཆུབ་ཅེས་བརྗོད་དེ།
ཟད་མེད་སྐྱེ་མེད་ཕྱིར་དེ་དག
གོ་རིམ་བཞིན་དུ་ཤེས་པར་བྱ ༎ ༡༨ ༎

འགོག་པ་མེད་པའི་རང་བཞིན་ལ།
མཐོང་ཞེས་བྱ་བའི་ལམ་གྱིས་ནི།
རྣམ་པར་རྟོག་རིགས་ཅི་ཞིག་ཟད།
སྐྱེ་མེད་རྣམ་པ་ཅི་ཞིག་འཐོབ ༎ ༡༩ ༎

གཞན་གྱིས་ཆོས་རྣམས་ཀྱང་ཡོད་ལ།
ཤེས་བྱ་ལ་ཡང་སྟོན་པ་ཡི།
སྐྱེབ་པ་ཟད་པར་བརྗོད་པ་གང་།
དེ་ལ་ཁོ་བོས་མཚར་དུ་བརྩེས ༎ ༢༠ ༎

འདི་ལ་བསལ་བྱ་ཅི་ཡང་མེད།
བཞག་པར་བྱ་བ་ཅུང་ཟད་མེད།
ཡང་དག་ཉིད་ལ་ཡང་དག་ལྟ།
ཡང་དག་མཐོང་ནས་རྣམ་པར་གྲོལ ༎ ༢༡ ༎

མངོན་རྟོགས་རྒྱན།

སྦྱིན་པ་ལ་སོགས་རེ་རེར་ནི།
དེ་དག་ཕན་ཚུན་བསྡུས་པ་གང་།
སྐད་ཅིག་གཅིག་པའི་བཟོད་པ་ཡིས།
བསྡུས་པ་དེ་འདིར་མཐོང་བའི་ལམ། ༢༢ །

དེ་ནས་སེང་གེ་རྣམ་བསྒྲིངས་པའི།
ཏིང་དེ་འཛིན་ལ་སྙོམས་ཞུགས་ནས།
རྟེན་ཅིང་འབྲེལ་འབྱུང་ལུགས་མཐུན་དང་།
ལུགས་མི་མཐུན་ལ་རྟོགས་པར་བྱེད། ༢༣ །

འགོག་དང་བཅས་པའི་སྙོམས་འཇུག་དགུར།
རྣམ་པ་གཉིས་སུ་སོང་འོང་ནས།
འདོད་པར་གཏོགས་པའི་རྣམ་པར་ཤེས།
མཉམ་བཞག་མིན་པའི་མཚམས་བཟུང་སྟེ། ༢༤ །

ཐོད་རྒལ་དུ་ནི་སྙོམས་འཇུག་པ།
གཅིག་དང་གཉིས་གསུམ་བཞི་དང་ལྔ།
དྲུག་དང་བདུན་དང་བརྒྱད་རྒལ་ནས།
འགོག་པའི་བར་དུ་མི་འདྲར་འགྲོ། ༢༥ །

མདོར་བསྡུས་རྒྱས་དང་སངས་རྒྱས་ཀྱི།
བསྟན་པས་ཡོངས་སུ་མ་བཟུང་དང་།
དུས་གསུམ་ཡོན་ཏན་མེད་པ་དང་།
ལེགས་པའི་ལམ་ནི་རྣམ་གསུམ་ལ། ༢༦ །

གཟུང་བའི་རྣམ་རྟོག་འདི་གཅིག་སྟེ།
སྦྱོར་བའི་རྣམ་པའི་སྤྱོད་ཡུལ་ཅན།
གཉིས་པ་སེམས་དང་སེམས་འབྱུང་རྣམས།
འཛུག་པའི་ཡུལ་ཅན་ཡིན་བཞེད་དེ། ༢༧ །

སེམས་མི་སྐྱེ་དང་བྱང་ཆུབ་ཀྱི།
སྙིང་པོ་ཡོད་ལ་ཀི་བྱེད་དང་།
ཐེག་པ་དམན་པ་ཡིད་བྱེད་དང་།
རྫོགས་པའི་བྱང་ཆུབ་ཡིད་མི་བྱེད། ༢༨ །

སྒོམ་དང་སྒོམ་པ་མེད་པ་དང་།
དེ་དག་ལས་ནི་བཟློག་ཉེར་དང་།
ཇི་བཞིན་དོན་མིན་རྣམ་རྟོག་པ།
སྒོམ་པའི་ལམ་ལ་ཤེས་པར་བྱ། ༢༩ །

སེམས་ཅན་བཏགས་པའི་སྐྱོད་ཡུལ་དང་།
ཆོས་བཏགས་པ་དང་སྟོང་མིན་ཉིད།
ཆགས་དང་རབ་འབྱེད་བདག་ཉིད་དང་།
དངོས་པོར་བྱེད་དང་ཐེག་གསུམ་དང་། ༎ ༣༠ ༎

ཡོན་ནི་དག་པ་མ་ཡིན་དང་།
སྦྱོད་པ་རྣམ་པར་འཕྲུགས་པ་ལ།
འཛིན་པར་བྱེད་པ་དང་པོར་དེ།
ཤེས་པར་བྱ་བ་བསྒྲུགས་པ་ཡིན ༎ ༣༡ ༎

སེམས་ཅན་བཏགས་དང་དེ་རྒྱུ་ཡི།
ཡུལ་ཅན་དེ་ཡིས་རྣམ་འཛོམས་པ།
སྒོམ་པའི་ལམ་དང་འཕེལ་བ་ཡི།
མི་མཐུན་ཕྱོགས་གཉེན་རྣམ་པ་དགུ། ༣༢ ༎

བདག་ཉིད་ཇི་བཞིན་ཀུན་མཁྱེན་ནི།
གསུམ་གྱི་སྒྲིབ་པ་རྣམ་གསུམ་དང་།
ཞི་ལམ་དེ་བཞིན་ཉིད་སོགས་དང་།
མཚུངས་པར་ལྡན་དང་མི་ལྡན་དང་། ༎ ༣༣ ༎

མི་མཉམ་སྡུག་བསྔལ་ལ་སོགས་དང་།
ཉོན་མོངས་རྣམས་ཀྱི་རང་བཞིན་དང་།
གཉིས་སུ་མེད་ལ་ཀུན་རློངས་ལ།
རྣམ་པར་རྟོག་པ་ཐ་མར་བཞེད༎ ༣༣ ༎

ཡམས་ནད་འདི་རྣམས་ཟད་ནས་ནི།
ཕྱུན་རིང་ལོན་ནས་དབུགས་ཕྱིན་ལྟར།
རྣམ་པ་ཀུན་ཏུ་འགྲོ་བ་ཡི།
བདེ་སྐྱབ་ཡོན་ཏན་ཕུན་ཚོགས་ཀུན༎ ༣༤ ༎

རྒྱ་མཚོ་ཆེ་ལ་རྒྱུ་བོ་བཞིན།
འབྲས་བུ་མཆོག་གིས་སྨྲ་བ་ཡི།
སེམས་དཔའ་ཆེན་པོ་དེ་ལ་ནི།
རྣམ་པ་ཀུན་ཏུ་བརྟེན་པར་བྱེད༎ ༣༥ ༎

སྟོང་གསུམ་སྐྱེ་བོ་ཉན་ཐོས་དང་།
བསེ་རུའི་རྟོགས་པ་ཕུན་ཚོགས་དང་།
བྱང་ཆུབ་སེམས་དཔའ་སྐྱོན་མེད་ལ།
བཀོད་པར་དགེ་བ་དཔེར་མཛད་ནས༎ ༣༦ ༎

མངོན་རྟོགས་རྒྱན།

བསོད་ནམས་མང་པོ་ཉིད་ཀྱིས་ནི།
སངས་རྒྱས་ཉིད་ཀྱི་བར་མེད་དེ།
བར་ཆད་མེད་པའི་ཏིང་ངེ་འཛིན།
དེ་ནི་རྣམ་པ་ཀུན་མཁྱེན་ཉིད། ‖ ༧༨ ‖

འདི་ཡི་དམིགས་པ་དངོས་མེད་དེ།
བདག་པོ་དྲན་པ་ཡིན་པར་བཞེད།
རྣམ་པ་ཞི་ཉིད་འདི་ལ་ནི།
རབ་ཏུ་སྨྲ་རྣམས་རྒྱུད་མར་རྩོལ ‖ ༧༩ ‖

དམིགས་པ་འཐད་དང་དེ་ཡི་ནི།
ངོ་བོ་ཉིད་ངེས་གཟུང་བ་དང་།
རྣམ་ཀུན་མཁྱེན་ཉིད་ཡེ་ཤེས་དང་།
དམ་པའི་དོན་དང་ཀུན་རྫོབ་དང་། ‖ ༨༠ ‖

སྦྱོར་དང་དཀོན་མཆོག་གསུམ་པོ་དང་།
ཐབས་བཅས་ཐུབ་པའི་རྟོགས་པ་དང་།
ཕྱིན་ཅི་ལོག་དེ་ལམ་བཅས་དང་།
གཉེན་པོ་མི་མཐུན་ཕྱོགས་དག་དང་། ‖ ༨༡ ‖

མཚན་ཉིད་དང་ནི་སྒོམ་པ་ལ།
སྨྲ་བ་རྣམས་ཀྱི་ལོག་རྟོག་པ།
རྣམ་པ་ཀུན་མཁྱེན་ཉིད་རྟེན་ཅན།
རྣམ་པ་བཅུ་དྲུག་དག་ཏུ་བཞེད།། ༤༢ །།

ཤེས་རབ་ཀྱི་ཕ་རལ་ཏུ་ཕྱིན་པའི་མན་ངག་གི་བསྟན་བཅོས་མངོན་པར་རྟོགས་པའི་རྒྱན་ཅེས་བྱ་བ་ལས། རྩེ་མོའི་མངོན་པར་རྟོགས་པའི་སྐབས་ཏེ་ལྔ་པའོ།།

སྦྱིན་པ་ཤེས་རབ་བར་དག་དང་།
སངས་རྒྱས་ལ་སོགས་དྲན་དང་ཆོས།
དངོས་མེད་ངོ་བོ་ཉིད་ཀྱིས་ནི།
མཐར་གྱིས་པ་ཡི་བྱ་བར་བཞེད།། ༡ །།

ཤེས་རབ་ཀྱི་ཕ་རོལ་ཏུ་ཕྱིན་པའི་མན་ངག་གི་བསྟན་བཅོས་མངོན་པར་རྟོགས་པའི་རྒྱན་ཅེས་བྱ་བ་ལས། མཐར་གྱིས་པའི་མངོན་པར་རྟོགས་པའི་སྐབས་ཏེ་དྲུག་པའོ།།

སྦྱིན་པ་ལ་སོགས་རེ་རེས་ཀྱང་།
ཟག་མེད་ཆོས་ཀུན་བསྡུས་པའི་ཕྱིར།
ཐུབ་པའི་སྐད་ཅིག་གཅིག་པ་ཡི།
རྟོགས་པ་འདི་ནི་ཤེས་པར་བྱ། ༎ ༡ ༎

ཇི་ལྟར་སྐྱེས་བུས་ཟོ་ཆུན་རྒྱུད།
རྡོག་ཐབས་གཅིག་གིས་བསྐྱོད་པ་ན།
ཐམས་ཅད་གཅིག་ཅར་འགུལ་བ་ལྟར།
སྐད་ཅིག་གཅིག་ཤེས་དེ་བཞིན་ནོ། ༎ ༢ ༎

གང་ཚེ་ཆོས་དཀར་ཐམས་ཅད་ཀྱི།
རང་བཞིན་ཤེས་རབ་པ་རོལ་ཕྱིན།
རྣམ་སྨིན་ཆོས་ཉིད་གནས་སྐབས་ཀྱི།
དེ་ཚེ་སྐད་ཅིག་གཅིག་ཡེ་ཤེས། ༎ ༣ ༎

སྦྱིན་པ་ལ་སོགས་སྤྱོད་པ་ཡིས།
ཆོས་ཀུན་རྨི་ལམ་འདྲ་གནས་ནས།
ཆོས་རྣམས་མཚན་ཉིད་མེད་པ་ཉིད།
སྐད་ཅིག་མ་ནི་གཅིག་གིས་རྟོགས། ༎ ༤ ༎

རྨི་ལམ་དང་ནི་དེ་མཐོང་ཉིད།
གཉིས་ཀྱི་ཚུལ་དུ་མི་མཐོང་ལྟར།
ཆོས་རྣམས་གཉིས་སུ་མེད་པ་ཡི།
དེ་ཉིད་སྐད་ཅིག་གཅིག་གིས་མཐོང་॥ ༥ ॥

ཤེས་རབ་ཀྱི་ཕ་རོལ་ཏུ་ཕྱིན་པའི་མན་ངག་གི་བསྟན་བཅོས་མངོན་པར་རྟོགས་པའི་རྒྱན་ཅེས་བྱ་བ་ལས། སྐད་ཅིག་མ་གཅིག་པའི་མངོན་པར་རྫོགས་པར་བྱང་ཆུབ་པའི་སྐབས་ཏེ་བདུན་པའོ॥

ཐུབ་པའི་ངོ་བོ་ཉིད་སྐུ་ནི།
ཟག་པ་མེད་པའི་ཆོས་གང་དག
ཐོབ་གྱུར་རྣམ་ཀུན་རྣམ་དག་པ།
དེ་དག་རང་བཞིན་མཚན་ཉིད་ཅན॥ ༡ ॥

བྱང་ཆུབ་ཕྱོགས་མཐུན་ཚད་མེད་དང་།
རྣམ་པར་ཐར་དང་མཐར་གྱིས་ནི།
སྙོམས་འཇུག་དགུ་ཡི་བདག་ཉིད་དང་།
ཟད་པར་བཅུ་ཡི་བདག་ཉིད་དང་॥ ༢ ॥

མངོན་རྟོགས་རྒྱན།

ཟིལ་གྱིས་གནོན་པའི་སྐྱེ་མཆེད་ནི།
རབ་ཏུ་དབྱེ་བས་རྣམ་བརྒྱད་དང་།
ཉོན་མོངས་མེད་དང་སྨོན་མཁྱེན་དང་།
མངོན་ཤེས་སོ་སོ་ཡང་དག་རིག། ༣ ||

རྣམ་པ་ཐམས་ཅད་དག་པ་བཞི་དང་།
དབང་བཅུ་དང་ནི་སྟོབས་བཅུ་དང་།
མི་འཇིགས་པ་ནི་བཞི་དག་དང་།
བསྲུང་བ་མེད་པ་རྣམ་གསུམ་དང་།། ༤ ||

དྲན་པ་ཉེར་གཞག་རྣམ་གསུམ་དང་།
བསྙེལ་བ་མི་མངའི་ཆོས་ཉིད་དང་།
བག་ཆགས་ཡང་དག་བཅོམ་པ་དང་།
སྐྱེ་ལ་ཐུགས་རྗེ་ཆེན་པོ་དང་།། ༥ ||

ཐུབ་པ་ཁོ་ནའི་མ་འདྲེས་ཆོས།
བཅོ་བརྒྱད་བཤད་པ་གང་ཡིན་དང་།
རྣམ་པ་ཐམས་ཅད་མཁྱེན་ཉིད་དང་།
ཆོས་ཀྱི་སྐུ་ཞེས་བརྗོད་པ་ཡིན།། ༦ ||

ཉན་ཐོས་ཉོན་མོངས་མེད་པའི་ལྷ།
མི་ཡི་ཉོན་མོངས་ཡོངས་སྤྱོང་ཉིད།
གྲོང་སོགས་སུ་དེའི་ཉོན་མོངས་རྣམས།
རྒྱུན་གཅོད་རྒྱལ་བའི་ཉོན་མོངས་མེད། ༧ །

སངས་རྒྱས་སྨོན་ནས་མཁྱེན་པ་ཉིད།
ལྷུན་གྱིས་གྲུབ་དང་ཆགས་སྤངས་དང་།
ཐོགས་པ་མེད་དང་རྟག་གནས་དང་།
འདྲི་བ་ཀུན་ལན་འདེབས་པར་བཞེད། ༨ །

རྒྱུ་ནི་ཡོངས་སུ་སྨིན་གྱུར་ནས།
གང་དག་གང་ལ་གང་དང་ནི།
གང་ཚེ་བྱ་བ་ཕན་གྱུར་པ།
དེ་དང་དེ་ལ་དེ་སྟོན་དོ། ༩ །

ལྷ་ཡི་རྒྱལ་པོས་ཆར་པབ་ཀྱང་།
ས་བོན་མི་རུང་མི་འཁྲུང་ལྟར།
སངས་རྒྱས་རྣམས་ནི་བྱུང་གྱུར་ཀྱང་།
སྐལ་བ་མེད་པས་བཟང་མི་མྱོང་། ༡༠ །

མངོན་རྟོགས་རྒྱན།

དེ་ལྟར་མཛད་པ་རྒྱ་ཆེའི་ཕྱིར།
སངས་རྒྱས་ཁྱབ་པར་ངེས་པར་བརྗོད།
དེ་ཉིད་ཟད་པ་མེད་པའི་ཕྱིར།
རྟག་པ་ཞེས་ཀྱང་བརྗོད་པ་ཡིན॥ ༡༡ ॥

མཚན་ནི་སུམ་ཅུ་རྩ་གཉིས་དང་།
དཔེ་བྱད་བརྒྱད་ཅུའི་བདག་ཉིད་འདི།
ཐེག་ཆེན་ཉེ་བར་ལོངས་སྤྱོད་ཕྱིར།
ཐུབ་པའི་ལོངས་སྤྱོད་རྫོགས་སྐུར་བཞེད॥ ༡༢ ॥

ཕྱག་ཞབས་འཁོར་ལོས་མཚན་དང་རུས་སྦལ་ཞབས།
ཕྱག་དང་ཞབས་སོར་དྲ་བས་འབྲེལ་བ་དང་།
ཕྱག་ནི་ཞབས་བཅས་འཇམ་ཞིང་གཞོན་ཆ་ཆགས།
འདི་ཡི་སྐུ་ནི་བདུན་དག་མཐོ་བ་དང་།॥ ༡༣ ॥

སོར་མོ་རིང་དང་རྟིང་ཡངས་སྐུ་ཆེ་དྲང་།
ཞབས་འབུར་མི་མངོན་སྤུ་ནི་གྱེན་དུ་ཕྱོགས།
བྱིན་པ་ཨེ་ཎ་ཡའི་འདྲ་ཕྱག་རིང་མཛེས།
འདོམས་ཀྱི་སྦ་བ་སྦུབས་སུ་ནུབ་པའི་མཆོག། ༡༤ ॥

ཟློགས་པ་གསེར་མདོག་ཟློགས་པ་སྨུག་པ་དང་།
སྤུ་ནི་རེ་རེ་ནས་གཡས་ལོགས་འཁྲུངས་དང་།
ཞལ་མཛོད་སྤུས་བརྒྱན་རོ་སྟོད་སེང་གེའི་འདྲ།
འདི་ཡི་དཔུང་པའི་མགོ་ཟླུམ་ཐལ་གོང་རྒྱས༎ ༡༥ ༎

འདི་ལ་རོ་མི་ཞིམ་པའང་རོ་མཆོག་སྣང་།
སྐུ་ནི་ནྱ་གྲོ་དྷ་ལྟར་ཆུ་ཞེང་གབ།
གཙུག་ཏོར་དབུར་ལྡན་ལྷུགས་རེང་མཛེས་པ་དང་།
ཚངས་དབྱངས་འགྲམ་པ་སེང་གེའི་འདྲ་དང་ཚེམས༎ ༡༦ ༎

ཤིན་ཏུ་དཀར་དང་ཚད་མཉམ་ཐག་བཟང་དང་།
གྲངས་ནི་བཞི་བཅུ་ཐམ་པ་ཚང་བ་དང་།
སྤྱན་ནི་མཐོན་མཐིང་སྤྱན་རྫི་བ་མཆོག་གི
འདྲ་བ་དེ་དག་སུམ་ཅུ་རྩ་གཉིས་མཚན༎ ༡༧ ༎

འདི་ལ་མཚན་ནི་གང་གང་གི
སྒྲུབ་པར་བྱེད་པའི་རྒྱུ་གང་ཡིན།
དེ་དག་དེ་ནི་རབ་རྫོགས་པས།
མཚན་ནི་འདི་དག་ཡང་དག་འགྲུབ༎ ༡༨ ༎

ཟླ་མ་སྐྱེལ་ལ་སོགས་པ་དང་།
ཡང་དག་བླངས་པ་བརྟན་པ་དང་།
བསྡུ་བ་བསྙེན་དང་ཀྱུ་ཉོམ་པའི།
དངོས་པོ་སྤྱིན་དང་གསར་བྱ་བ ༎ ༡༩ ༎

ཐར་པར་བྱེད་དང་དགེ་བ་ནི།
ཡང་དག་བླངས་པ་སྤྱིལ་ལ་སོགས།
སྒྲུབ་བྱེད་རྒྱུ་ཡི་མཚན་ཉིད་དེ།
མདོ་ལས་ཇི་སྐད་འབྱུང་བ་བཞིན ༎ ༢༠ ༎

ཐུབ་པའི་སེན་མོ་ཟངས་མདོག་དང་།
མདོག་སྣུམ་མཐོ་དང་སོར་མོ་རྣམས།
ཟླུམ་རྒྱས་བྱིན་གྱིས་ཕྲ་བ་དང་།
རྩ་མི་མངོན་དང་མདུད་པ་མེད ༎ ༢༡ ༎

ལོངས་བུ་མི་མངོན་ཞབས་མཉམ་དང་།
སེང་གེ་གླང་ཆེན་བྱ་དང་ནི།
ཁྱུ་མཆོག་སྟབས་གཤེགས་གཡས་ཕྱོགས་དང་།
མཛེས་གཤེགས་དྲང་དང་འཁྲིལ་བག་ཆགས ༎ ༢༢ ༎

བྲེ་དོར་བྲུས་འདྲ་རེད་བར་འཚམ།
གཙང་དང་འཛམ་དང་དག་པའི་སྐུ།
མཚན་ནི་ཡོངས་སུ་རྫོགས་པ་དང་།
སྐུ་ཡི་ཁོ་ལག་ཡངས་ཤེད་བཟང་॥ ༢༣ ॥

གོམ་སྙོམས་པ་དང་སྤྱན་གཉིས་ནི།
དག་དང་གཞོན་ཤ་ཅན་ཉིད་དང་།
སྐུ་ཞུམ་མེད་དང་རྒྱས་པ་དང་།
ཤིན་ཏུ་གྲིམས་པའི་སྐུ་ཉིད་དང་॥ ༢༤ ॥

ཡན་ལག་ཤིན་ཏུ་རྣམ་འབྱེས་དང་།
གཟིགས་པ་སྒྲིབ་མེད་དག་པ་དང་།
དཀུ་ཟླུམ་སྐབས་ཕྱིན་མ་རྙོངས་དང་།
ཕྱང་དེ་བ་དང་ཀླུ་བ་ནི॥ ༢༥ ॥

ཟབ་དང་གཡས་ཕྱོགས་འཁྱིལ་བ་དང་།
ཀུན་ནས་བལྟ་ན་སྡུག་པ་དང་།
ཀུན་སྤྱོད་གཙང་དང་སྐུ་ལ་ནི།
སྨེ་བ་གནག་པག་མེད་པ་དང་॥ ༢༦ ॥

ཕྱག་ནི་ཤིང་བལ་ལྟར་འཇམ་དང་།
ཕྱག་རིས་མདངས་ཡོད་ཟབ་རིང་དང་།
ཞལ་ནི་ཧ་ཅང་མི་རིང་དང་།
མཆུ་ནི་བིམ་པ་ལྟར་དམར་དང་། ༢༧ །

ལྗགས་མཉེན་པ་དང་སྲབ་པ་དང་།
དམར་དང་འབྲུག་གི་སྒྲ་ཉིད་དང་།
གསུང་མཉེན་འཇམ་དང་མཆེ་བ་ཟླུམ།
རྣོ་དང་དཀར་དང་མཉམ་པ་དང་། ༢༨ །

ཕྱིན་ཕྱིས་ཕྲ་དང་ཤངས་མཐོ་དང་།
མཆོག་ཏུ་དག་པ་དག་དང་ནི།
སྤྱན་ཡངས་པ་དང་རྫི་མ་སྟུག
པད་མའི་འདབ་མ་འདྲ་བ་དང་། ༢༩ །

སྨིན་ཚུགས་རིང་དང་འཇམ་པ་དང་།
སྣུམ་དང་སྤུ་ནི་མཉམ་པ་དང་།
ཕྱག་རིང་རྒྱས་དང་སྙན་མཉམ་དང་།
ཉམས་པ་རྣམ་པར་སྤངས་པ་དང་། ༣༠ །

དཔྲལ་བ་ལེགས་པར་འབྱེས་པ་དང་།
དབྱེས་ཆེ་བ་དང་དབུ་རྒྱས་དང་།
དབུ་སྐྲ་བུང་བ་ལྟར་གནག་དང་།
སྣུག་དང་འཇམ་དང་མ་འཛིངས་དང་། ༣༧ །།

མི་གཤོར་དྲི་ཞིམ་སྐྱེས་བུ་ཡི།
ཡིད་ནི་འཕྲོག་པར་བྱེད་པ་དང་།
དཔལ་གྱི་བེའུ་དང་བཀྲ་ཤིས་ནི།
སངས་རྒྱས་དཔེ་བྱད་བཟང་པོར་བཞེད། ༣༨ །།

གང་གིས་སྲིད་པ་ཇི་སྲིད་པར།
འགྲོ་ལ་ཕན་པ་སྣ་ཚོགས་དག
མཉམ་དུ་མཛད་པའི་སྐུ་དེ་ནི།
ཐུབ་པའི་སྤྲུལ་སྐུ་རྒྱུན་མི་འཆད། ༣༩ །།

དེ་བཞིན་འཁོར་བ་ཇི་སྲིད་འདིའི།
ལས་ནི་རྒྱུན་མི་འཆད་པར་འདོད།
འགྲོ་རྣམས་ཞི་བའི་ལས་དང་ནི།
བསྡུ་རྣམ་བཞི་ལ་དགོད་པ་དང་། ༤༠ །།

ཀུན་ནས་ཉོན་མོངས་བཅས་པ་ཡི།
རྣམ་པར་བྱང་བ་རྟོགས་པ་ཡི།
སེམས་ཅན་རྣམས་དོན་ཇི་བཞིན་གྱི།
དོན་དང་པ་རོལ་ཕྱིན་དྲུག་དང་། ༣༥ །

སངས་རྒྱས་ལམ་དང་རང་བཞིན་གྱིས།
སྟོང་པ་ཉིད་དང་གཉིས་ཟད་དང་།
བརྡ་དང་དམིགས་པ་མེད་པ་དང་།
ལུས་ཅན་རྣམས་ནི་ཡོངས་སྨིན་དང་། ༣༦ །

བྱང་ཆུབ་སེམས་དཔའི་ལམ་དང་ནི།
མངོན་པར་ཞེན་པ་བཟློག་པ་དང་།
བྱང་ཆུབ་ཐོབ་དང་སངས་རྒྱས་ཞིང་།
རྣམ་པར་དག་དང་ངེས་པ་དང་། ༣༧ །

སེམས་ཅན་དོན་ནི་ཚད་མེད་དང་།
སངས་རྒྱས་བསྙེན་སོགས་ཡོན་ཏན་དང་།
བྱང་ཆུབ་ཡན་ལག་ལས་རྣམས་ནི།
ཆུད་མི་ཟ་དང་བདེན་མཐོང་དང་། ༣༨ །

ཕྱིན་ཅི་ལོག་ནི་སྤངས་པ་དང་།
དེ་གཞི་མེད་པའི་ཚུལ་དང་ནི།
རྣམ་པར་བྱང་དང་ཚོགས་དང་ནི།
འདུས་བྱས་འདུས་མ་བྱས་པ་ལ།། ༣༩ །།

ཐ་དད་ཡོངས་སུ་མི་ཤེས་དང་།
མྱ་ངན་འདས་ལ་དགོད་པ་སྟེ།
ཆོས་ཀྱི་སྐུ་ཡི་འཕྲིན་ལས་ནི།
རྣམ་པ་ཉི་ཤུ་བདུན་དུ་བཞེད།། ༤༠ །།

མངོན་རྟོགས་རྒྱན།

ཤེས་རབ་ཀྱི་ཕ་རོལ་ཏུ་ཕྱིན་པའི་མན་ངག་གི་བསྟན་བཅོས་མངོན་པར་
རྟོགས་པའི་རྒྱན་ཅེས་བྱ་བ་ལས། ཆོས་སྐུའི་སྐབས་ཏེ་བརྒྱད་པའོ།།

མཚན་ཉིད་དེ་ཡི་སྦྱོར་བ་དང་།
དེ་རབ་དེ་ཡི་གོ་རིམ་དང་།
དེ་མཐའ་དེ་ཡི་རྣམ་སྨིན་ནི།
དོན་བསྡུས་གཞན་ཏེ་རྣམ་པ་དྲུག།༡།།

ཡུལ་ནི་རྣམ་པ་གསུམ་པོ་རྒྱུ།
སྦྱོར་བ་བཞི་ཡི་བདག་ཉིད་དང་།
ཆོས་སྐུ་འཕྲིན་ལས་འབྲས་བུ་ནི།
དོན་བསྡུས་གཞན་ཏེ་རྣམ་པ་གསུམ།།༢།།

ཤེས་རབ་ཀྱི་ཕ་རོལ་ཏུ་ཕྱིན་པའི་མན་ངག་གི་བསྟན་བཅོས་མངོན་པར་
རྟོགས་པའི་རྒྱན་ཅེས་བྱ་བ། རྗེ་བཙུན་བྱམས་པ་མགོན་པོའི་མཛད་པ་
རྫོགས་སོ།།

Errata

I. Sanscrit Text

	Printed	*Read*
IV. 14a	चालुम्पनात्मवे	चालुञ्जनात्मने
IV. 55b	संवृत्त्याभिमता	संवृत्याभिमता
V. 10	प्रतिपं गते	प्रतिपद्गते
V. 37b	न्यापे	न्यामे (tib. སྨྱོན་མེད་)
VIII. 31b	ध्मरागाश्रिता	ध्मरागाश्रिताः

II. Tibetan Text

I. 71a	བསྒོམ་པའི་ལམ	གོམས་པའི་ལམ་
II. 9b	རྫོང་གྱུར་པ་	རྫོར གྱུར་པ་
II. 81b	མཇལ་དང་གཞལ་བྱ	འཇལ་དང་གཞལ་བྱ་